大夏书系·程红兵文丛

做一个
自由的教师

程红兵 著

华东师范大学出版社
全国百佳图书出版单位

目录
Contents

自序 做一个自由的教师

对话：直言不讳论述教育

演讲：激情洋溢评说学校

后　记

自序　做一个自由的教师

　　教育事业是人的教育事业，是为人的发展服务的，也是靠人——主要是教师来实现目标的，今天的教育还存在诸多问题，所以我们寄希望于理想的教师。每个热爱教育的人心中都有一个理想教师的模样：也许朦胧，只有一个影子；也许清晰，有一个鲜明的形象。我心中的教育家，就是一种我称之为自由教师的人。

　　自由是这些教师身上的本质属性。我所说的自由，就是不为社会的各种诱惑所影响，不为各种功利的目的所左右，他们热爱教育本身，热爱学科教学本身，他们就是喜欢跟孩子们在一起，喜欢按照教育教学的基本规律，按照孩子们自身成长的规律，尽自己所能帮助孩子们学习知识、掌握技能、热爱学习，喜欢静静地看着孩子们慢慢成长，成长为一个好人、一个有益于社会的人。除此之外，别无想法，更别无追求。为了这样单纯的目的，他们几乎把自己的一切都投入其中，几乎所有的时间，几乎所有的精力，以及可支配的财力、物力，他们享受这个过程，喜欢看着孩子们开心的样子，喜欢看着同行们开心的样子，自己因此而开心，这是一种由衷的快乐。我所说的自由，就是在教育的田野里他们超越了许多羁绊、许多诱惑、许多束缚、许多误导，尽享教育本身的乐趣，这种趣味是一种文化能力和审美品质，它诉诸判断和决定，它对世界的兴趣是"超越功利的"，它凝聚为有教养的个人的精神气质，他们的心是安静的，目光是向内的，目标是单纯的，知道要做好教师的工作就得最大限度地发掘自己的潜能，保持对教育的虔诚。

　　也许读者会以为我所说的自由教师根本就是不存在的，根本就是我的一厢情愿，根本就是教育的乌托邦。恰恰相反，自由教师在今天的土壤里确实存在，从教三十年，我走过成百上千所学校，我见过成千上万名教师，发现了如星星闪烁一般自由、美丽的教师。我曾不止一次说过，不止在一个地方说过，教育的希望在民间。这里所谓的民间就是一线的教师，就是天天和孩子们在一起的教师，就是伴随着孩子们逐渐长大的教师，因为民间有一批自由的教师存在。

不说远的，就说上海浦东的教师，我曾向《上海教育》"人物"栏目推荐了建平中学的阴卫东老师、祝桥中学的戴传伟老师，我曾亲自撰文介绍三林北校并发表在《教育发展研究》的扉页上，亲自撰文介绍上海实验东校并发表在《中国教育报》上，这些都是让我眼前一亮的学校，都是让我为之感佩的教师。

上海市建平中学阴卫东老师所表现出来的价值取向是让我感佩的理由，在他身上洋溢着一种自由情怀——他对于信息技术这门学科的由衷热爱，对信息技术学科教学的由衷热爱。他的兴趣点在于把孩子们领进科学的大门，让孩子们学会研究，享受发现的快乐，体验研究的成功，感受科学的魅力，这就是他最大的快乐，这就是他的兴奋点，这就是他的幸福之源。除此之外他一概没有兴趣：他对家教没有兴趣，从来没有带过一个家教；他对所谓的课题研究没有兴趣，他没有申报过一个课题；他对撰写论文没有兴趣，除了被逼无奈写过一篇文章发表之外，再没有第二篇文章发表；他对出版专著没有兴趣，他从来没有计划出版一本个人专著，更不会把时间花在东拼西凑、复制粘贴上；他对评选优秀教师没有兴趣，你们爱评谁就评谁；他对申报特级教师没有兴趣，谁想申报谁申报，他没有时间去准备繁琐的申报材料。凡信息技术学科教学以外的东西，凡教育以外的东西都与他无关！他只对教育本身有兴趣，所谓的教育本身，就是他喜欢他的学科，因此投入了很多时间和精力，他就是喜欢学生跟着他一起玩信息技术科学，一起玩研究，或者说是在科学中玩耍，在研究中玩耍，在发现中玩耍，一种非常原始的、单纯的教育。

在阴卫东老师身上有一种非常纯粹的东西，他培养孩子对科学单纯的热爱，而不是附加在竞赛上面诸如保送、加分的功利。所以阴卫东老师，这个所谓的奥赛金牌教练呼吁将奥赛热降温，这个看似矛盾的地方，恰恰说明他对回归科学研究原初意义或者叫本体意义的追求。从这里可以看出今天奥赛热的问题之所在。为什么有这么多的家长热衷于让孩子去读奥赛班，去搞奥赛？绝大多数都是奔着奥赛之外、科学研究之外的功利目标而去的，加分、升学就是许多人的唯一目的。这恰恰是背离了科学研究的初衷，这恰恰是对科学精神的最大戕害，这恰恰是我们有很多奥赛金牌获得者而没有诺贝尔奖获得者的根本原因！阴卫东老师呼吁奥赛降温，就是希望学生、家长去掉对伪科学或者对科学外在的糖衣的热爱和追求，真正回归学习的本真状态。

上海市祝桥中学的戴传伟老师，一个憨憨的让人一见就觉得特别厚道的老师，虽然"隐居"在浦东的乡下，但却做着覆盖地域最为广阔的事业，他凭一己之力办了"语文在线"，他的初衷很简单，就是借助互联网让更多的语文老师享受到免费的教育资源。为此他投入了所有的业余时间，不离不弃，至今已坚守整整十年！每当夜幕降临，吃完晚饭之后，戴传伟就会端坐于电脑前，打开"语文在线"网站，他开始例行审核别人所发的文章，浏览一天来论坛中的新帖和跟帖，删除不良信息；对师生正儿八经的讨论与提问做出回应；做一些网站内容补充和完善工作；引发大家讨论语文教学的热点问题……

从2002年到今天，3650个夜晚，他始终坚守，没有人因此给他颁发荣誉证书，没有人因此授予他什么称号，没有人因此给他奖金，事实上他为网站建设已经搭上了许多经费。什么原因？他不在乎这些！他在乎的是许多语文老师从中获得了很多有益的教学资源，他在乎的是同行们对他工作的需要，他在乎的是有多少网友给他热情的鼓励和由衷的肯定，他在乎的是这项工作本身特别有意思，特别好玩。经过十年的用心经营，他的"语文在线"网站越办越红火，有了"语文教师之家"的美誉，并且已跻身国内语文学科网站前十。而且他这个既不走商业模式又不做广告的免费学科网站，在国内可能也就仅此一家了。

在阴卫东老师、戴传伟老师身上有今天许多教师所缺少的东西。曾任耶鲁大学校长的贝诺·施密德特，不久前在耶鲁大学学报上公开撰文批判中国大学，他说："他们的学者退休的意义就是告别糊口的讲台，极少数人对自己的专业还有兴趣，除非有利可图。他们没有属于自己真正意义上的事业。"说的就是这个意思。我说不清楚其中的原因，但我想原因可能是多种多样的。他们引起我更多的反思，反思我们习以为常的许多东西，有没有背离我们初衷的地方；反思我们自以为是的工作，有没有南辕北辙的可能。比如为了激励教师，各级政府评选各种级别的优秀教师、优秀园丁、优秀教育工作者；各级教育专业部门评定各种级别的骨干教师、学科带头人、特级教师；人事部门会同教育部门给教师们评聘初级教师、中级教师、高级教师。每一次评选、评定、评聘都毫无疑问地激励了不少教师，但是我们身处其中的人也都渐渐看到，若干次评选之后，若干年评定之后，我们的这些职称、称号都毫不例外地贬值了。于是我们重新创造新的概念、新的荣誉称号，君不见有教育功臣评选出现，有教授级高级教师评聘出现，有教书育人楷模评定出现，还有一些地方将出台由政府出面颁发的"教育家"称号，现在据说这个计划在批评与嘲讽之中最终夭折。

可以肯定的是这些评选、评聘的初衷是好的，也是起过一定的作用的。但是这种评选最大的问题就在于把教师们引向教育以外的东西，引向功利的目标，外在的功利目标会败坏教育内在的价值目的，从而走向背离初衷，走向南辕北辙。可怕的是我们至今还有很多人视而不见，充耳不闻，或者根本就是浑然不觉！

我们为什么不能更多地引导教师热爱教育本身、热爱教学本身，让教师们热衷于跟孩子们一起玩耍、痴迷于跟孩子们一起学习、醉心于跟孩子们一起探究？我深知这是非常不易的，但我也深信在今天教育的土壤里肯定有这样的人，肯定有这样的学校，肯定有这样的事件、事实、细节，我也坚信当功利主义走到极点的时候，人们会更多地反思我们到底需要什么样的教育，什么才能真正使人幸福快乐，教育究竟应该如何才能造就人才，教师究竟应该成为怎样的教师。

我不希望大家空喊教育家办学的口号，我不想由政府出面评选并颁发教育家的证书。我相信教育家一定有着自由的情怀，一定有着非常纯净的教育思想，一定是从教育的田野里一步步走来，带着泥土的气息，带着青草的芳香，一定是充满快乐的……

教育家一定是自由的教师，做一个自由的教师一定是幸福快乐的。是为序。

程红兵
2012 年 9 月 1 日

对话：
直言不讳论述教育

让我们一起直面教育现场

——就《直面教育现场》与基地学员对话

2012 年 11 月 7 日，上海市"双名工程"程红兵语文名师培养基地、浦东新区程红兵语文教师培训基地与华东师范大学出版社，联合在上海浦东洋泾中学东校举办了"让我们一起直面教育现场——程红兵著作恳谈会"。以下是现场嘉宾和程红兵的交流。

提问者 1："反思教育价值观"有一篇关注教育价值思想的文章，程老师提到"所有的教育行为都应该有教育价值思想"，这个高度是很高的，我非常赞同，但是随之而来的问题就是，当整个社会的价值思想都在背离传统的时候，当我们面对学校、家长、社会以分数论人才的评价标准和压力时，我们身处教育第一线的教师，没有足够自由境界的教师，尤其是刚入职的、将入职的那些教师，还没达到那样的高度。我不知道您有什么忠告或建议，能让我们站得更高一点，做得更好一点，谢谢。

程红兵（以下简称"程"）：关于价值问题我在书里确实谈论不少，我也在想我们当老师的为什么上课，关于教育我们是怎么想的。我们当老师的要做很多事情，要备课、上课、布置作业、考试、批卷子，但我们到底把什么东西摆在第一位，把什么东西摆在最后一位，这就是价值。刚才说到传统这个问题，其实我觉得传统这个问题不太好说，我们有传统吗？好像是应该有的。我再追问一句：我们的传统是什么？这就比较难回答了。至于在今天这样一个大的社会背景之下，我们到底能做什么，或者我们如何实现真正的所谓自我，这个倒可以谈谈。老师都会碰到这样的问题，教研组长、教务主任、分管教学的副校长、校长都会关注这个问题，比如这次没考好，肯定会问为什么，但我们内心深处还有一个关于教育原初的想法，就是说我们的教育除了分数之外还应该做点什么，还能做点什么，除了分数之外，我们是不是能把孩子变成一个健康的人，变成一个对社会有意义的人。换句话讲是阶段性目标和终极目标的问题，从这个意义上讲我的观点是，我们在实施阶段性目标的时候不要把终极目标给遗失了，教育说到底就是要把孩子变成一个健康的人，这是最终的目的所在。分数要不要？当然是要的，但我们不能影响最终的目的，这让我想到德国大哲学家雅斯贝尔斯曾经说过的一句话："训练既可以针对人，也可以针对动物，而教育是仅仅针对人的。"从这句话中我们可以引发出一个思考——要分数的话，我们用什么方式来获得分数？这很关键，如果我们一味用所谓的训练方式，那我们的学校成了什么了？我们学校就成了马戏团，我们的孩子则成为被我们训练的动物，我们老师就成了驯兽师。换句话说，训练需要吗？需要的，但是如果学校在教育教学过程中始终不变地用这一种训练方式，那学校就改行做马戏团算了。所以从这个价值意义上来讲，我们的终极目标确定之后，应该贯穿到各阶段目标当中。其实语文教学没有什么深不可测的东西，深刻的道理也不需要讲太多，原因在哪里？因为常态的、朴素的、简单的东西我们都没做好，还讲什么深刻的道理呢？因此从这个意义上来讲，如果语文教学回归原点，回到最基本的角度去考虑，说到底语文不就是这点事情吗？读书是基础，思考是根本，表达是表象。读书是什么？读书就是文化积淀。思考是什么？就是教给孩子思考的方式。如果孩子没有相应的积淀，或者想问题想不到那个地方去，很显然就写不出好文章。所以，所谓表达，无论是文字表达还是语言表达，都是前面两个的直接外化。

提问者2：程老师在书中写道："语文课为什么一定要分析呢？不分析难道就不行吗？我并不是绝对反对分析，而是反对分析一统天下。"现在请您讲一下，造成这种局面的深层次原因是什么？如何扭转这种局面呢？

程：深层次的原因，其实我真的说不上来。我刚才说过语文教学是基础教育，有什么深层次的东西？我真的看不出来。关于"分析"的这段话我是基于什么来说的？语文教学很显然少不了要分析，我所针对的就是现在的语文教学中过多的分析。我们回顾一下，怎么会出现这种情况呢？很简单，语文老师一堂课 45 分钟怎么过去啊？以前的教学就是讲，把这篇文章分析得天花乱坠，这个文章好在哪里，这个词怎么好，这个句怎么好，这个段怎么好，这个表达方式怎么好。后来我们改变了，变成启发式了，启发式就是我所说的"请君入瓮式"，我们把本来想讲的改头换面之后，变成一个一个的具体问题，然后拔葱似的一个一个叫孩子回答，回答不满意换一个，若不满意再换一个，最终达到满意为止，实在不满意自己来说。为什么会有这样的分析方式呢？我觉得可能就是一种习惯吧，我的老师就是这么教我的，所以我今天就用这种方式教。还有一个原因就是老师备课的依据在哪里。有不少老师，他们备课的唯一依据，可能就是教材和教参。这是一件非常糟糕的事情。如果我们把教参作为唯一的上课依据，那么也只好把教参上的东西改头换面地呈现在课堂上。在这个过程中，有没有很好的课呢？有的。但我还有一个想法，就是如果这样分析下去可能也会出现一些莫名其妙的事情，比如我们在分析的过程中是不是也会把我们自己变得更加精细、精致，但是也显得有点小家子气。所以我提出这个问题——我们的语文课能不能把分析稍许淡化一些，而不是取消，我估计也取消不了。能不能换成更多的方式？比如说这篇课文的教学就是背诵，如果我们的老师有朱震国老师那样的嗓音，不用听他分析，就听他把这篇课文从头到尾朗诵一遍，对学生来讲就是一种享受，孩子们伴随着教师的朗诵走进了文本世界。或者有时候我们的课堂教学是不是可以换一种方式？这堂课我们不做别的事情就是质疑，就是对这篇文章整体上的一种观点，或者整体上的一种思想、看法进行质疑等等，诸如此类的方式是不是可以多一点？2011 年，《中国青年报》报道了美国高考（SAT）和中国考生的情况。到目前为止，中国没有一个培训机构能有效培训学生应对SAT 考试，虽然有不少培训机构能够培训学生对付托福考试。托福考试中国学生的分数非常高，原因在哪里？我们找到了技巧，但是 SAT 为什么找不到技巧？据统计，2011 年 SAT 考试中国考生平均分数比美国考生平均分整整少了300分，300分是有效差距，经过我们所谓专家不断的分析最后得出一个结论：我们差在质疑能力，差在对文章前提假设的认识和评介。换句话说，批判性思维能力在我们的学生当中还是比较弱的。因此我们在语文教学中过多地分析，过多地把玩，就把主要能力丢掉了，适当分析也是可以的，但是不能过。2012年高考结束之后，《文汇报》刊登了法国的考试题，回过头来看我们的考试考什么，这样一比较，什么叫作大气，什么叫作小气，就很清晰了。

提问者3：大家好，我是基地的三期学员，昨天读了老师的书，今天想读读老师的人。我的问题是：您也是从一名普通老师成长起来的，您认为，名师后备者成长的瓶颈是什么？突破点是什么？谢谢。

程：不仅你有瓶颈，我何尝没有瓶颈啊？我也有发展瓶颈啊。面对当下的教育，有很多现象令我感到无奈，发现昨天的我和今天的我没有办法解决，这说明自己没有发展，没有提升，这就是发展瓶颈。不但你碰到过瓶颈，我碰到过瓶颈，其实我们在座的绝大多数人都碰到过瓶颈。我的观点是什么？可能我们还是缺乏足够的智慧。我们缺乏足够的智慧来解决当下复杂的教育现象，缺乏足够的智慧提升自我。当然不仅仅是这样，因为教育永远是和社会息息相关的，教育问题的解决，不但依赖我们自身而且依赖于社会的方方面面。要想突破瓶颈，我大概有以下想法：

第一是视野。我们是不是可以再打开点思路？因为视野的开阔性对我们而言也是非常重要的。比如说，很多老师看得比较多的书是教材、教参、教辅读物；我们关心的是考题、考分、考试的新动态、考纲的新变化，如果我们能再打开一点思路，再多读点东西，会不会能得到更多启发？我想会的。比如说教材，我在《语文学习》2012年第3期发表了一篇文章，推荐美国的语文教材。中国的语文教科书，选择的都是所谓文质兼美的文章。我看了美国的语文教材大吃一惊，他们选择文章的依据不仅仅是语文，更主要的是历史，他们把在美国历史上对美国人影响最大的那些文章、著作选入教材；其次考虑的是文学。这背后反映了什么问题？就是他们认为一个合格的公民必须了解在本国历史上产生过重大影响的那些东西。从这个意义上来讲，我们的视野可能还不够开阔。

第二是思维问题。人陷入困境常常是因为思维有局限，思维把你框住了，导致你跳不出来，如果你放开来可能有另外的想法。记得在三期基地开学的时候，我推荐过一本书——《虚拟的历史》。人们常说历史是不能假设的，但是我们发现一旦将历史假设一下，就会有一个全新的世界出现在我们面前。人之所以困惑，往往是因为思维束缚了你。如果你突破了思维框框，或许有个豁然开朗的新天地。

第三是习惯。我们太相信教材，很多语文老师都生怕漏掉一篇课文会影响中考、高考；我们太相信考题的力量，我们特别关心上海中学考什么，复旦附中考什么。有必要吗？坦率地讲，这些考题可能有一点作用，但是对于语文、语文课堂教学、语文教学规律而言，考试做题未必是最好的方式。宝山区科研员王天蓉老师提出"做一个一辈子都在研究的课题"，我们要寻找一个真问题，一个感兴趣的问题，一个你认为有价值的问题，一个对语文学科教学有推动作用的问题，倾注自己的一切。

提问者4：我提一个稍微轻松一点的问题：你现在的身份很多，我想语文老师是一个起点，当了校长，当了院长，现在是局长，那么随着你身份的变化，对于语文课、语文课教学的认识有什么不一样吗？

程：我有一个非常悲观的想法：其实人是很难改变的，甚至有些人一辈子都改变不了。对我而言，最看重的还是当老师，因为我对语文教学情有独钟。你问我随着身份的变化对语文教学的认识有没有差别，也许有一点差别，但差别不大。差别体现在哪里？随着年龄的增长，随着我对教育理解的加深，以及我接收到更多的教育信息，再来看语文课，是会有新的变化。但至于说这个角色，比如作为院长从研究者的角度来看课堂，和作为一个普通语文老师看课堂，没有太多的区别。从这个意义上来讲，你对语文课的直感，或许就会伴随你一辈子。从教发院院长的角度来讲，也就是宏观了一点，走的学校多了一点，看的课堂多了一点，因此比较、参照也就多了一点。

提问者5：您好，我是来自安徽的一名进修教师。我的问题和前面的问题有点关系，就是语文教材中的一篇课文，老师对它作分析，结果却超出了作家自己对自己作品的认识。前面安排了三位老师解读程老师的这本书，您认为这三位老师解读的超过老师自己的认识了，还是不够？想听听您的看法。

程：这本书其实是我多年来一些文章的汇编，从发表的第一篇文章到现在，一些反思性的、批判性的文章，都汇编在一起。你说我这本书的思想是被过度解读，还是解读得不够，我的观点是这本书出来之后，大家爱怎么看就怎么看，要怎么想就怎么想，坦率地讲，我真的没什么好讲的，我的思想就在这本书里面。

提问者5：对不起，我刚才问的是之前这三位学员对于这本书的解读，而不是您的解读。

程：对于他们的解读是不是到位，我想我没办法评判。每个人的角度、看问题的方法都是不一样的，应该允许别人的观点存在。比如说，刚才广录老师讲的几个思维的方式，实话实说，在这之前我没想过，他的分析到底对还是不对，过度还是没过度，我没法回答。换句话说，从某种意义上讲，就像我们解读经典作品一样，当一篇文章出来之后，我们可能会从多种角度来看，似有若无，若无似有，这是常有的事情。至于我们每个人觉得它是否过度，我们都可以有自己的一把尺子，然后去衡量评价。这是我的想法。

提问者6：在您这本书中，最吸引我的是"反思中国德育"，我是先翻开这章看的。请老师明示，如何打造幸福的语文、审美的语文？

程：无论是语文老师还是学生，很可能对语文教学过程中的幸福体验得还不够充分。在语文教学中，我觉得最不幸福的可能就是一天到晚做题。我们原本是一群对文学充满着美好想象的人，现在忽然不读文学了，因此就体会不到文学的快乐。当初我们在大学中文系的时候，看了多少好的散文、小说、戏剧、诗歌，现在我们好像忘记了，只选择做题这唯一的事情。我们今天所在的洋泾东校，校长杨华也是语文老师，她现在仍然在写诗歌。写诗歌的语文老师，怎么会享受不到语文的美好、语文教学的幸福呢？同样，孩子们也是幸福的。今天在座的有一位杨伯红老师，他是尚德学校的语文老师，有一次我在南汇的一所学校听他上了一堂课，他在教孩子们写诗歌，自己现场也写诗歌。孩子们在他的循循善诱之下，写出了自己的诗歌，虽然不够完美、不够严谨、不够漂亮，但是多多少少也写出来了，也享受到了这种快乐。当然，题目是要做的，晚点做，不着急做。如果让孩子们多读一点书，多享受一些文字本身的快乐、文学本身的快乐，那就幸福了。

除此之外，语文老师还有一个很重要的传统，就是读万卷书，行万里路。黄玉峰老师最大的特点就是带着孩子们读书，带着孩子们出去玩，祖国的大好河山、文化圣地，多去看一看，多去感受一下。其实我也喜欢这样做，可能这就是快乐的源泉、幸福的源泉。如果语文老师把自身最大的优势丢掉了，去跟数学老师比做题，那肯定不会幸福了。

提问者7：程老师好！我有两个问题——

第一个问题是代表我们老师提的：什么样的语文课是一节好课？

第二个问题是我要提的：语文教学有很多价值，语文老师如何避免负价值，或者如何去除语文教育中的恶？谢谢！

程：什么叫作好课？很多老师的课堂往往局限在某篇文章本身，局限在某个词、某个句子本身，换句话说，我们可能会挖掘到很多委婉的、曲折的意思，但是如果我们只有这些，可能就有问题了。"语文的外延和生活的外延相等"，《语文学习》刊物上不是有这句话吗？把课堂打开，和我们的社会，和我们的方方面面联系起来，可能这就是好课。如果局限在非常小的尺度之内，局限在非常小的范围之内，我觉得怎么说也算不上好课。所以从这个意义上来讲，我们是不是可以大气一点？这堂课可不可以不上课，就来读书，就来讨论文学名著，就来听听朱震国老师的朗诵？换句话说，把课堂打开，我们还有很多工作要做，走向社会，走向自然，走向文化圣地，这便是我认为的好课。

怎样避免语文教学中的恶，怎样避免负价值，这也是我困惑多年的问题。我们生活在这个环境中，总要去做很多无奈的事情，我们要获得高分数，而且分数对我们来讲又非常重要，甚至关系到生存问题，这些问题可能就会让我们的教学变形，会让语文教育工作者的行为变形，我们真的太功利了。当然，我现在好像变成局外人了，说话轻飘飘的，不上课，也不带高三，更不需要考试分数了。实话实说，我当了校长以后仍然是从高一上到高三的，也要面对分数，但是我们可不可以少一点功利的东西？2012年5月我在北大讲课时遇到钱理群老师，我们谈到教育的希望在哪里，我们有个基本的想法是相同的，即教育的希望在民间，在每一个老师身上，是我们每个老师直接面对孩子，每天跟孩子在一起。我们不改变谁来改变？每天都要想一想：我们这个做法到底对不对？我们是不是对孩子的终身发展负责了？把这些问题多想几次，或许就可以减少一点负价值。

提问者8：尊敬的各位领导、各位老师，我是三期的学员。我的问题是，刚才许多老师一直在讲一个关键词"角色的转变"，程老师给自己的定位是一个书生校长，那么我想知道现在您作为一个书生局长，如何运用个人的魅力和素养来影响我们的教育甚至教育体制的微调？谢谢。

程：真的很难回答你的问题，而且我还有一个很悲观的想法——其实一个人的能量是很有限的。在座的王校长，曾是普陀区教育局局长，在岗位上体验过那种滋味，很多时候真的很无奈。我的想法是少开点会、少做点无用功、少做点虚的事情，多做点实事。什么叫实事？多到下面学校走一走，去听听课，去跟老师聊一聊这堂课到底上得怎么样，跟校长聊一聊，他们学校在做些什么。走到下面去，真的能看到很多令人感动的地方。三林北校是一所非常不起眼的学校，走进校园我发现，空地上种满了各种各样的蔬菜，还能看到很多兔子。孩子们在收获自己种的蔬菜，在精心喂养可爱的小兔子。什么是教育家？我认为三林北校校长就是教育家。可能没有人给他什么称号，这些小事也没什么了不起的地方，但是做了这两件事的校长就是一名合格的校长，也就是一名优秀的校长，因为他是以学生的快乐作为学校的快乐。多到下面学校去走走，你会发现这些人身上闪耀着教育原本应该有的光芒。所以我在《教育发展研究》上专门写文章赞扬了这所学校。我曾到上海市实验东校去了解这所学校的家长参与学校办学的情况，非常令人感动，比我在建平中学的时候做得好。所以我马上提起笔来，把这个事情写出来，在《中国教育报》上发表。另外，我之所以主持语文教师培训基地，就是因为我能有机会走进学校听课，这也是一个重要的渠道。

提问者9：各位老师好，我是三期的学员。跟着程老师学习之后，工作中的很多问题都得到了解决，我觉得我们应该有教学的理想，就是要站在一定的高度，要有远见，要有责任感。我想问一下程老师，您对现在教育评价改革的进程和前景是怎么看的？

程：教育评价改革的启动能说明一个问题，即人们还是非常关注这个问题的。你要让我预测，实话实说，我预测不了，但是我想说社会总是在变的，教育也总是向好的方向改变，这是很抽象的。但具体什么时候变成什么样子，我真的说不出来。之所以希望教育评价改革，就是希望我们的教学能够自由。如果高考考得好，谁也不烦你。如果你考得不好，人家对你不信任，导致你被束缚了，自由不了了。评价本身如何发展我们可能无法预料，但是我们对于学科教学的本真状态有所了解，甚至把高考也研究透了，我们有一种对付它的方式，或许我们就会有一点自由度了。

提问者 10：各位老师好！现在有一个被反复提到的说法就是教育的国际化，刚才程老师也说了国外教材的一些优势，以及一些考核方式的独特之处，请问您觉得在语文教育之中可以渗透国际理解吗？

程：国际化是一个非常时尚的问题，现在我们都在谈国际化，其实我也非常困惑，不知道什么叫国际化。我们现在对于国际化的理解，大概有以下几个方面：第一，搞一个班级，最后把这些孩子送到国外去上大学；第二，搞一个班级，招外国的学生；第三，派老师、校长到国外学习。我觉得所谓国际化，重要的一点就是我们要读懂对方，同时要对方读懂我们，这就是所谓文化的理解，理解了才能互相谅解，才能在共同发展的路上走得更远一点。这才是国际化的根本。语文教学中有很多外国文学作品，我们可以借助这些文学作品理解外国人是怎样面对社会、面对教育、面对人生、面对孩子的成长的，知道他们的思维方式和我们的思维方式的差异。这可能是国际理解的一个重要途径。

提问者 11：您当语文老师时是全国知名的语文特级教师，您担任校长时是特级校长，现在又成为教育局的副局长，您觉得您离教育家是渐行渐近，还是渐行渐远？

程：谢谢你讲了很多肯定我的话，但必须澄清的是，我不是教育家。我比较反对关于教育家培养工程的说法，曾写了一篇文章专门谈论这个问题。其实，我最看重的是学生对我的一个称呼——"书生校长"。从某种意义上来讲，喜欢读书是我一辈子的习惯。因为我从来没把教育家作为我追求的目标，所以也就不存在是渐行渐近还是渐行渐远了。我这些批判和反思很多都是批判自己的，书中讲的很多不好的做法、不对的行为，都是我自己曾经做的，但是做着做着我发现不对了，问题来了，所以就批判了，因此我的所有批判其实都是自我批判。如果要我说点自己的真实感受，我觉得还是愿意跟过去一样，多看点书，多跟老师们在一起，跟课堂走得近一点，享受我们今日生活的种种快乐时光，这就是我所追求的。

提问者12： 我是三期基地的耿慧慧，我要提一个很沉重的话题。前一阵张广录老师给我们发了一个视频，说的是一个德国的志愿者，在中国山区整整支教了十年，然而这十年里他好像没有得到教师应有的待遇。我感到非常困惑：为什么现在中国的很多地方仍然存在着这么困难的教育现状呢？

程： 这个问题我是没法回答的。原因在哪里呢？就是我对国家教育经费怎么使用，有什么规范，真的是一无所知。而且我这个人天生有个最大的弱点就是不善于管钱。我在建平中学担任校长的时候不会管钱，因此找了一个数学老师来管钱；我到教发院后，也是找了一个专门管钱的人。那么教育经费到底如何使用呢？谁为教育做出了贡献，谁就应该得到相应的报酬，享受相应的待遇，这一点我非常认同。但我很无奈，我也不知道怎么做。

畅谈"自由教育"

——与鲍成中老师对话

2013 年元旦刚过,鲍成中老师来到我的办公室,我们没有聊建平中学,没有聊语文教育,也没有聊学校文化,而是聊了我所倡导的"自由教育"。

一、自由教育是心灵的自由

鲍成中(以下简称"鲍"):程院长,走进您的办公室,就被"自由教育"这几个字深深吸引了。我从书中知道,最早提出这一概念的是古希腊哲学家亚里士多德。他认为自由教育是"自由人"所应享受的,以自由发展理性为目标的教育。欧洲文艺复兴运动的兴起,使"自由教育"演变为人文主义教育,最终演绎到今天的"通才教育"。您倡导"自由教育",还发表了《教育家一定是自由的教师》一文,请问您对"自由教育"是如何理解的?

程红兵(以下简称"程"):我是这样认为的,教育的终极目标是获取心灵自由。我提倡的自由教育,不是政治意义上的自由教育,而是教育学意义上的自由教育,即心灵的自由。我主张在学校里,应该让学生学得自由、让教师教得自由、让校长管理起来自由,学校应该是一个师生生命自由成长的场所。而且,学校要有自主办学权、自主管理权、自主招生权,能自主招聘教师、自主设立评价方式等等,让学校成为一个真正的学校,而不是政府机构的附庸,也不是简单的商品加工厂。

我在《教育家一定是自由的教师》一文中这样写道："自由是这些教师身上的本质属性……我所说的自由，就是在教育的田野里他们超越了许多羁绊、许多诱惑、许多束缚、许多误导，尽享教育本身的乐趣……它对世界的兴趣是'超越功利的'，它凝聚为有教养的个人的精神气质，他们的心是安静的，目光是向内的，目标是单纯的……"其实这也是我内心向往的理想教师的自我画像。

鲍：雅斯贝尔斯说："真正的教育应先获得自身的本质。教育须有信仰，没有信仰就不成其为教育，而只是教学的技术而已。"自由教育是不是可以被看成是您的教育信仰呢？

程：可以这么认为吧！当今时代，是信仰缺失的时代，但是作为教育工作者，必须有教育信仰，必须有教育追求，必须有教育行动，自觉地为学生的生命成长服务，让每一个学生都获取心灵的自由，而不是内心的压抑和个性的束缚。所以自由教育是心灵的自由。

鲍：以您的观察，目前在我国自由教育有生存的土壤吗？

程：在我国沿海城市，社会经济相对于内陆城市而言较为发达，已经存在着自由教育的社会基础，存在着一种教育理性回归的趋势和教育的人文价值回归趋势。一些海归家长，经历过欧风美雨，对教育有新认识，对孩子的教育有新想法；一些虽非海归，但文化层次较高的家长，对教育有新向往、新期望的，已经不是少数；教育内部也有不少有思想、有追求的校长和教师，他们对当下中国这样一种以应试为目的的畸形教育，有着非常透彻的认识，有着非常强烈的排斥态度，这些都可以理解为"自由教育"的土壤。

二、倡导自由教育是对未来教育的思考

鲍：您倡导自由教育，是不是可以理解为您对当下教育问题的一种未来思考呢？

程：可以这样认为吧！自由教育就是解放教师和学生的教育，改变教师的教和学生学的方式，把时间和空间还给学生，让学生做自己的主人。而我们当下的教育不是这样的，是"教育的异化"。

鲍：您能谈具体一点吗？

程：对中国教育的现状存在几种解读：一是教育的空心化——教育要面向未来，到底核心思想是什么，几乎没有非常具体的分析、解读，导致核心内涵缺失，核心精神缺失，价值理性缺失。二是教育的功利化——教育要面向未来，到底面向未来的什么，有的人现实的指向就是，未来的高考、中考，铁路警察各管一段，只顾有限的时段，不考虑教育的终极目标。三是教育的口号化——务虚不务实，停留在面上，只是空喊，没有行动，没有落实在课程上，没有体现在教学上，没有表现在课堂上。

鲍：您谈的教育的功利化也许是我国当前教育的主要问题。正是教育的功利化，才导致了教育的空心化和口号化，教育成了只有分数的教育，没有人的成长和发展的教育。

程：在今天教育功利化的背景下，我们置其他一切事物于不顾，"追鹿的猎人是看不到山的，打渔的渔夫是看不见海的"，过于功利的目的遮蔽了审美的视角，站在美的事物面前发现不了美，何其悲哀！唯分数的教育导致孩子们缺乏审美的眼睛，感受不到自然的美，感受不到生活的美，人格也会变得不健全。

教育除了分数之外还有许多重要的东西，学校除了升学率之外也有很多重要的东西，这就是那些看似无用的东西，就是那些令人感到特别有趣的、有味的，让人感到很好玩的东西，那些很美的东西。于是我们应该回归生活的本体，回归教育的本真状态，要让我们的老师和孩子获得一种非常有意思的体验。孩子的欢乐就是学校的欢乐，孩子的校园记忆就是对教育的评价。

鲍：我们的教育是否还缺乏一些科学的理论指导？

程：是的。很长一段时间以来，我国基础教育界似乎是随着一拨又一拨的时尚理论在行走。课程改革前期，我们所崇尚的理论话语系统基本是必修课、选修课、活动课，是隐性课程、显性课程，是研究性学习、校园文化、学习型组织；课程改革中期，多半是学校课程建设，是基础型、拓展型、研究型课程，是校本课程、现代学校制度、教师专业发展和学校文化；如今又变成了个性化办学、特色化发展、精细化管理，变成了国家课程校本化实施和先学后教、以学定教的有效教学以及高效课堂等。这些概念轰轰烈烈地传递，毫无疑问为推进教育改革起到了一定的积极作用。但同样毋庸讳言的是，一段时间之后，或由于其理论自身存在的缺陷，或由于实践过程中人们并没有完全理解并有效贯彻落实，导致教育界长期存在的根本问题没有得到多少改变，教育实践落后于经济和社会发展的现状也未得到根本改观，这些概念和理论也慢慢在被淡化并走向衰落。

鲍：我们真心希望，您所倡导的自由教育能够在教育实践中得到贯彻。

三、让自由教育走向更广的舞台

鲍：您提倡的自由教育，在未来会发展得怎么样呢？有何保障？

程：自由教育的最大、最好保障就是能够实施教育家办学，让有教育情怀、懂得教育规律的教育家办学，自由教育才会有出路。

鲍：温家宝总理提出一个重大教育命题：要让热爱教育，懂得教育，站在教育第一线的"教育家"办学。此后，总理先后不下16次强调和呼吁"教育家办学"。可是，教育家哪里来呢？如何真正实现教育家办学？

程：教育家应该产生于相对自由、宽松的文化土壤里。1924年，鲁迅先生在北京师范大学附属中学进行"未有天才之前"的演讲时说道："天才并不是自生自长在深林荒野里的怪物，是由可使天才生长的民众产生"，"在要求天才的产生之前，应该先要求可以使天才生长的民众"。鲁迅看出了天才赖以产生的"土壤"、"气候"的重要作用。教育应该允许教育工作者有一定的自由办学权力，可以按照自己对教育的理解，对教育的价值判断，对教育的哲学思考，来进行独立自主的自由办学。没有强大的外部力量强制性地压迫其按照一种模式办学，没有一种无形的枷锁粗暴地限制学校，没有一种或者来自社会，或者来自教育内部的力量强力阻挠教师自由地按照教育的基本规律教学。

但是眼下我们恰好缺乏这样的土壤。其一，我们的社会文化环境里弥漫着急功近利的价值思想，升学第一，分数第一，这强大的文化气场压抑着校长，压抑着教师，没有升学率就没有学校基本的生存条件。其二，政府的强势介入也是导致校长无法自主办学的又一重要原因。今天，学校在享受政府所提供的政策和经费支持的同时，必须接受政府事无巨细的领导和管理，统一的标准，统一的体制机制，统一的规程，统一的要求，统一的评估考核，要接受来自政府或政府派出机构的考核、检查、督导、评比、评审、审计。从教学到德育，从安全到卫生，从实验室到食堂，从消防到垃圾，从音乐到美术，从教师专业发展到课程领导力，从校本教研到校本课程，任何一样工作都要接受官方的督查，校长哪里还有什么自主办学的自由权力？其三，有些教育的专业结构，借助政府力量强力推进一种所谓的教学经验，有些校长为了树立政绩强行推行统一的教学模式，用一种十分机械的标准衡量教师，约束教师的教学行为，教师哪里还有个性教学的自由空间？这样下去教育家又如何产生？

教育家的产生往往是因人而异的，个性色彩很浓。校长在自己的学校，利用自己的办学条件，创造性地解决自己学校的办学问题，推动学校的发展；教师在自己的课堂，针对自己的学生，创造性地引导学生、教育学生，让学生自由愉快地成长。对于教师来说，发现学生就是发现自己，在学校发展、学生成长的过程中，校长、教师自身也发展成长了，最终他们当中成就巨大的佼佼者也就水到渠成地成为社会公认的教育家。

鲍：当前，我国的学校教育"官员办学"、"商人办学"、"企业家办学"、"投机者办学"的现象仍然很严重，致使学校离"教育"渐行渐远，远离了教育的本真，走上了"异化"之路。

程：是的，我们眼下是用工业化的模式来培养和造就教育家，以工厂生产标准器件的方式来批量生产教育家。经济上的唯GDP主义、"生产—消费"逻辑不可避免地被复制和移栽到教育家的生成逻辑之中，这种工业化模式背后的依据正是一种如同商品批量化流水线般生产加工的逻辑。从我们经常听到的"打造"一词即可看出，像打造一个物件一样打造教育家，教育家是可以人工或机器打造的吗？我们各个师范大学、各级培训机构，响应政府的号召，举办教育家高级研修班，举办教育家论坛，实行未来教育家成长计划，实施教育家培养工程。一问：教育家是培训师培训出来的，还是通过长时间的教育实践产生出来的？今天大量的培训导致我们有些校长、教师成了受训专业户，有的校长连续几年，每年都有 3 个月以上的培训，最多的甚至一年不在学校；有的教师每星期有 3 个下午都在外面接受培训。这样下去，我们是否想过：如此培训是不是表明我们需要不在学校的教育家、不在课堂的教育家？二问：教育家是论坛论出来的，还是在办学实践、教学实践中历练摔打出来的？今天，各种各样的教育家高峰论坛、尖峰论坛，导致我们不少校长、教师整天热衷于参加论坛、发表高见，进而养成了满嘴跑理念、时时喊口号的教育生活习惯和校长生态特征，不再深入课堂，不再深入学生，不再研究真问题，而只研究时尚的教育理念、时髦的教育口号。我们是否想过：我们需要的是不是口号教育家、理念教育家？

鲍：教育家办学，就是要确保真正懂教育的人能够按照教育规律去管理教育、发展教育。在教育家的带领下，学校教育才有可能是真教育，才是具有生命意义的教育。今天，在中华民族伟大复兴的征程中，在追寻"中国梦"的过程中，只有我们的教育真正"复兴"了、"振兴"了，我们的民族才会有真正的复兴！

关于教育家成长

——与时晓玲对话

2012年3月，我写了一篇《南辕北辙：教育家渐行渐远》的文章，发给了《中国教育报·现代校长周刊》主编时晓玲，时晓玲发来以下文字：

一口气读完"渐行渐远"，有一种畅快淋漓的感觉。没错，这就是程红兵。没错，程红兵还是原来那个样：话说得实在、直白、犀利，入骨三分，甚至没想到给自己留后路。

这是他的一贯作风，比如，当年他与魏的交锋。也因此，他在受到一些质疑甚至误解的同时，却因为说出了不少人一直憋在心里要说而没有说出的大实话，得到了更多人的格外尊重和佩服。很凑巧，昨天和红兵通话商讨采访事宜的当儿，就有朋友把他的《书生校长》放到了我的办公桌上。算是天意吧，这样的际遇巧合多了，我常常会调侃一下自己的某种通灵之气。其中读到李镇西给他写的一篇文章，忍俊不禁，不由得一个人偷着乐了好一会儿。

赤子之心程红兵，这是我给他的定义。

因为工作的关系，与程红兵有过为数不多的几次交道，但在众多采访过的人当中，我是从一开始就把他归为朋友一类的。因为看他一脸憨厚的书生相，想来尽管聪慧无比，也是不致把我带到沟里去的。因为本人就是一个喜欢实话实说，经常因为工作不小心得罪人的人。

红兵你好：以上是随性写的东西，没有经过大脑和修饰，你暂可忽略不计。

时晓玲（以下简称"时"）： 从与魏商榷语文教学法到做建平 10 年校长，你其实一直在坚守教育中的人性、人格与人本（不准确），这是教育之所以教人的要义，而我们却在其中发现大量漠视生命和学生差异的事存在，你怎么看这个问题？

程红兵（以下简称"程"）： 作为语文教师，我主张语文人格教育，反对那种无视学生人格的异化行为；作为校长，我主张学校文化育人，反对那种唯功利化的教育行为。前不久我曾撰文谈教学之中的异化行为，罗列了实际教学中许多被老师忽略的不尊重学生的细枝末节，那种漠视学生生命和学生差异的事实的确存在，针对这些现实我倡导教师要有一种文化自觉。我想产生教育异化现象主要是文化的原因，功利化的文化在今天的社会里几乎无处不在，"分数是教育的 GDP，GDP 是官员的分数"，可以说这句话高度概括了现实的文化特征之一。我们教育的目标定位原本是非常清晰的、非常全面的，但是我们常常把外显的行为作为我们的刚性目标，而不自觉地抛弃了内隐的、人格的、情意的目标，久而久之，把看得见、摸得着的行为目标作为唯一的追求，其他的一概视而不见。诗人纪伯伦说：我们已经走得太远，以至于我们忘记了为什么而出发。其实我们并没有走得很远，就忘记了为什么出发；或者这样说，我们在出发的时候目标定位就出现了偏差，抓住一点（功利），不及其余（人格、情意、文化）。于是教育异化现象的产生就是十分自然的。基于此我以为，现在经常有人说教育要回到原点，这句话既正确，又不正确。正确是指教育回到知、情、意的原初目标，当然就是正确的；不正确是指回到当初的出发点，当初出发的时候如果目标偏了，那当然就不正确。

时： 从一所名校的校长到服务 500 多所学校的教研院院长，显然更多是行政力量使然，也使你这个以书生校长为荣的人有了更多学问以外的东西，你怎么看这种转身？会不会因此又少了一个有思想、有能力、有坚持的校长？

程： 2010 年 8 月，我从建平中学校长的岗位调任上海市浦东教育发展研究院院长，这是我自己主动提出的，这里面有诸多原因无需细说。其中有一条是，我年届五十，离退休还有 10 年光阴，这一辈子只能做教育，但我从 1982 年大学本科毕业起一直在重点中学任教，对基础教育的整体情况并不了解，关于教育我所知道的太狭窄了。我想到幼儿园走走，到小学去看看，到初中去听听课，了解面上的情况。我提出这个要求之后，领导当然是不批准的，一个重要的理由是不放心建平中学的未来，我说：所谓的好校长不但他在位的时候学校是好学校，更重要的是在他离开的时候学校仍然是好学校，这才是真正的好校长。我离开建平可以帮助更多的学校成为好学校，帮助更多的校长成为好校长。正是这几句话打动了领导，使我得以转身。浦东教育发展研究院是区域教育研发机构，是区教育局主要教育业务的执行机构，是区域教师培训的专业机构，其功能定位是活跃思想、建设队伍、提升质量、推广技术，所以我现在的主要工作是服务，服务区域教育、服务基层学校、服务教师，只要基层有需求，我基本做到招之即来挥之即去。2011 年年终考核，我一年内走了浦东新区 40 多所学校，在浦东做了 30 多场报告。此外我的工作就是研究，研究基础教育，2011 年统计结果显示，我发表了各种谈论教育的文章 23 篇。我仍然把所有的精力投身于教育。

时：你说自己一直在批判与建设中行走，这次，在批判的同时，你的建设在哪里？

程：我的性格是非常务实的，不论走到哪里，我都想把工作做好。走进浦东教育发展研究院这个专业的教师培训机构已经快两年了，提升校长、培训教师是我们这个机构的中心工作，我一直在关注并研究校长培训、教师培训。当下培训工作存在诸多问题：培训对象多，而优秀培训师少；培训资源多，而优质培训资源少；分散用力的多，整合用力的少；培训的形式多，而高质量的培训少；培训的理论口号多，而关注校长、教师的真实生态少。基于此，我提出：关注每一所学校在当下的真实生态，关注每一位校长和教师的具体行走。开展基于学校需求、校长需求、教师需求的助力式培训，与校长们、教师们共同遭遇问题，共同分析问题，共同解决问题，基于问题的培训，给校长、教师以切切实实的帮助，我们的策略是从学科课程中心转向学习者中心；从知识学习转向实践应用能力提高；从静态的素质培训转向动态的专业支持；从注入式培训转变为专业历练式培养。真真切切地提高培训的有效性，这是我当下的理想追求，需要我们一步一个脚印地去践行。

关于校长职级制

——与张贵勇对话

张贵勇（以下简称"张"）：您对校长职级制持什么态度？您认为您所在地区所实行的校长职级制有哪些问题需要完善，如所分级别、待遇是否合理？

程红兵（以下简称"程"）：我对校长职级制持积极肯定的态度，因为将校长从行政级别中独立出来，这本身就是看到了校长的特殊性质，校长不是政府官员，他（她）与公务员有本质上的不同。学校是文化主体，校长是引领学校发展的文化个体，是一所学校行使主体意志个性化办学的中枢，将校长的级别单列开来，就在一定程度上保证校长能够有效地管理学校，引领学校发展，体现学校的办学思想理念。

在保证校长同样职级享受同样待遇的同时，还应该考虑原有起点，有些校长实行了校长职级制之后工资待遇不升反降，甚至工资幅度减少较大，这显然有问题，这会影响校长积极性的，这两个因素之间如何平衡的确是一个问题。既要有刚性，又要有合理的弹性。特别是要保证职级制的工资待遇也要水涨船高，与公务员系列保持同一增长幅度，不能总是停滞不前。

张：您觉得校长职级制是否具有普遍性？如果在其他地区推广，需要哪些前提条件？

程：有普遍性，所有的学校都是文化主体，所有的校长都是学校文化主体的引路人。如果要推广，前提是要有充分的经费保证，打破一种机制容易，建立一种机制需要尊重原有的存在，同时必须保证绝大多数校长的收入水平高于以往。

张：您怎么看评价校长和评价学校之间的关系？当前，评价学校，尤其是高中，往往看分数，您认为校长职级制会不会导致应试教育愈演愈烈？

程：校长是学校办学的重要因素，但不是唯一因素，决定学校办学质量的还有学校原有起点、教师、学生、家长、社区等诸多因素，但校长是起关键作用的一员，虽然评价校长不能与评价学校等同，但评价校长，必须考虑他所在学校的发展状况，这是毫无异议的。评价学校与校长职级制没有必然联系，而校长职级制与应试教育更没有必然联系。说到底，应试教育是与我们的人口数量众多、就业异常激烈、独生子女承担着一家三代人的希望与幸福、传统的习惯思维等因素有着必然的关系。这些东西左右着生存在这个现实的人们，于是有些政府领导、家长、校长、教师、学生无法超越现实，这也是必然的。

张：实现校长职级制，势必涉及工资的差距，您所在的地区是如何实现的？怎样补偿您觉得才合理？

程：这个我不太清楚。

张：您认为调动校长积极性的最理想方式是什么？

程：激发校长产生理想并给予他实现理想的时间与空间，给予他实现理想的权利，当然还包括责任和义务。在基本的生活条件得到保证的情况下，校长的知识分子的精神需求就是第一位的。

张：关于校长的产生和培训机制，您有哪些意见？

程：校长应该来自民间，来自这所学校的广大教职工，没有他们的充分信任，校长将无所作为，而且，一个人的品性是很难不暴露在众多人面前的。校长的培训最主要的是动力的培训，要让所有的校长有一种理想主义的精神，有为理想而献身的高尚情怀；其次是气质的培养，校长的气质修养、人格魅力的高低，直接关系到他能否有效地领导这所学校高品位地生存和发展；第三是思想的激活，没有个性思想的校长是平庸的校长，平庸的校长既产生不了人生激情，也产生不了创造精神，更不可能产生个性化的办学。

关于名校长延期退休
——与苏令对话

据悉，从 2005 年起，北京市就处于中小学校长换班的高峰期，预计城八区未来 3 年即将退休的正职中小学领导大约 300 人。目前，北京市校长的退休年龄比照公务员的标准规定，即男 60 岁、女 55 岁。不过各区操作方式也不尽相同。

虽然我国目前还没有一个对"名校长"进行评估与认定的权威标准和操作体系，但一般认为，名校长是有着突出办学业绩、有一定影响力的校长。毋庸置疑，名校长对于学校的发展作出了突出贡献，但这是否应该成为他们在刚性退休制度面前"例外"的理由呢？

——《中国教育报》2009 - 6 - 30　第 5 版

苏令（以下简称"苏"）：名校长充分发挥作用，是否一定要延迟退休？

程红兵（以下简称"程"）：这是一个十分敏感的话题，一不小心就会得罪人，因为容易让别人对号入座，还是不谈为好。实在要说的话，我的观点是：只有在校长的岗位才能产生名校长。

在讨论名校长的退休问题之前，首先应该明确所谓名校长是如何产生的。谈退出，先谈产出，因为我们都知道希望延续到龄名校长的任期，最主要的原因是名校长的资源太稀缺，如果名校长很多，那么就不会讨论这个问题了，退休是正常的事情。

我们应该有个共识，所谓名校长一定是在校长的工作岗位中产生的，而不是在大学校园里产生，不是通过培训产生，虽然培训会有比较大的作用，但毕竟不是根本途径。只有校长岗位才是产生名校长的根本途径，或者说是唯一途径；如果没有校长岗位，就不可能有名校长产生。所以从这个意义上来说，到龄校长的按时退休，其实就是给新的名校长的诞生提供一个必要的岗位条件，让出空间也是一种贡献。

　　人们觉得名校长所拥有的办学经验是一笔不可多得的财富，在没有合适的接班人的情况下，适当延长若干时间，或者虽退之后仍然扶持后继者，的确是一种比较好的选择，但这只能是权宜之计。从长远来看，还是要让新人走上前台，他们身上也有一些不可替代的优势。

当代教育家论坛
——与现场校长的互动

2011 年 9 月 22 日，在江苏句容《校长》杂志主办的当代教育家论坛上，报告之后是互动环节，与会校长向几位嘉宾提了一些问题，这里把提问其他几位嘉宾的问题及回答略去，只留下向程红兵提问的问题及程红兵的即兴回答。

主持人：各位代表，大家下午好。

现在，社会各界对当今教育改革形成一个共识——高质量的教育需要高质量的教师，反过来，只有做高质量的教师才会有高质量的教育。所以教师发展成为教育改革中一个永恒的主题。

今天下午，有五位专家发表了精彩的演讲，我们也如同经历了一场头脑风暴。郑燕祥教授从多元的系统、整体的视角阐述了教师的专业发展；米尔克博士从未来发展的角度谈到了教师专业发展；扬州中学的特级教师王雄，从教师个人的视角谈到发展问题；程红兵院长从文化的视角谈出了教师发展问题……不同的视角给了我们不同的启发。

所以，怎样深入探讨教师发展领导力，我个人觉得有几个问题需要大家去思考。

第一，教师发展领导力的内涵是什么？

第二，我们为什么要研究教师发展领导力？

第三，如何提升我们校长的教师发展领导力？

另外，句容市教育局的刘局长提出了第四个问题，在提升教师发展领导力的过程中，校长受哪些内外因素的制约，有哪些困惑，有哪些矛盾和问题。

我想，我们可以共同来思考和回答这些问题。下面我们采取互动的形式，请与会代表和主席台上几位专家进行对话和交流。

有一位代表向程红兵院长提了两个问题。第一个问题：您认为对课堂教学来讲，模式是一把双刃剑，那么模式有存在的价值吗？其积极意义和消极意义表现在哪里？如何更好地发挥模式的价值，同时规避模式的负效应？第二个问题：您对课改十年基础教育的变化有何评价？

程红兵（以下简称"程"）：第一个问题我刚才已经说了，教学模式肯定是有优点的。当课堂教育没有基本规范的时候，可以通过模式的建构使教师的课堂教学有一定的规范。

但模式又压抑着、约束着已经掌握规范、已经形成规范的老师，这些老师更需要创造，更需要生动活泼的教学。从这个意义上来讲，模式是一把双刃剑。

如何来对待这个问题呢？我的观点是，没有规范的时候建立规范是第一要务，当已经形成了规范、掌握了规范时，下一步要做的工作就是超越规范。许多教学名家有教学模式，有人曾经问于漪老师："您的教学模式是什么？"于老师说："我没有教学模式啊！"这句话恰好说出了所谓教学艺术的真谛所在。之所以说没有教学模式，就是因为她能根据不同的学生情况，不同的教学内容，不同的时间进行变换。

前段时间我读了一篇报道。美国每年评选一位"美国总统特别奖"的教师，今年得奖的这位老师说，优秀教师之所以成功，主要在两个词语上：第一个词是"热情"，对我们的教学充满了热情；第二个词是"创造力"，老师创造的天地在课堂教学。

第二个问题，对于基础教育课程改革的评价，实话实说这个问题应该问教育部长，我回答不了。但是我想说，课程改革做了这么多年努力之后，我们的教育肯定有变化，而且肯定有积极的变化。

比如，我们的教师和校长现在能够接受新思想、新理念、新观念了，而且一些优秀的教师、优秀的校长不但接受下来，还在教学过程中、管理过程中自觉地探索，自觉地尝试，在实践过程中又发生了一些可喜的变化，尤其是人的变化。

当然，还有很多细小的、具体的问题，很多值得我们反思和忧虑的问题，很多值得我们批判的问题。但我始终认为，改总比不改好，未来会比今天更好，谢谢大家！

主持人：教师发展领导力的内涵之一就是领导教师的发展。请问程院长，领导教师发展什么？发展到什么程度？怎样去发展？

程：这个问题很规范，好像做一篇学术论文。

什么叫优秀校长？优秀校长就是能够让学生、老师发展的校长。在他的学校，有一群老师和学生在成长。当这个校长离开这所学校时，这所学校仍然保持优秀，这就是优秀校长。

那靠什么呢？就靠老师。你问我内涵是什么，就是我刚才讲的那个词——文化，用两句话来概括就是"老师愿意不愿意把工作做好"、"老师能不能把工作做好"。不仅教育行业是这样，其他行业也如此。你愿意做好吗？你愿意为做好一件事而付出一些努力吗？

这上面我们肯定要做不少工作。比如，建平中学做的就是语文、数学、外语的课程重构，另外还编制了自己的必修课程教材，所有老师都参与了这项工作。在这个过程中，我们发现老师在悄悄地发生变化，慢慢成长起来。

我们曾经做过尝试，把所有版本的教材全都拿过来，人教版、上海版、江苏版、语文版、山东版……放在一起让老师们比较。我觉得这是一种有效提升教师能力的手段。单看一个版本的教材，教师没有完整的概念，只有把众多教材摆在一起，才能够了解到各有长短，才能够从中发现问题。换句话说，只有这样做了，才能实现教材的校本化。

我们的老师通过教材的比较和研究来驾驭教材、超越教材，于是编制了自己的教材。后来，我们不但让老师参与编制教材，也让学生参与编制教材。做下来的结果是什么？老师们提升了，视野开阔了，老师在上海市的同行面前能够表达自己的见解了，能看出别人没有看出的东西，能够产生一定的影响力了。这就是教师的专业发展。

我特别不愿意用一把尺子去衡量老师进步了多少，我觉得没法量。特级教师仅仅是标尺之一，更多需要考虑的是在教学过程中，老师付出了多少，思考了多少，表达了多少。不是所有的老师都能评上特级教师、正高级教师，但是我相信只要投入了就会有变化。谢谢！

晏翔兰（与会校长）： 我来自重庆北碚区，今天非常高兴听了那么多讲座，也见到了很多老教授、老朋友。刚才米尔克教授也提到了个体作战向团队作战的转化。有人把它通俗地讲成单打独斗变成有组织的"打群架"，力量肯定要大得多。但有的老师不管校长怎么培养，怎么引导，他都不会走得很远。我想请问程院长：如何用文化引领老师产生合作的愿望？谢谢！

程： 合作在学校教学过程当中是非常重要的。但是教师的教学是私人化、个性化比较强的行为。所以我觉得对于校长而言，很重要的一点就是把评价的尺度当作一个非常重要的抓手，换句话说就是要以集体评价作为你建设学校文化的一个重要方式。因为如果对老师的评价仅仅是针对一个具体的个人而不是针对一个团队评价的话，你可能就助长了他个人化的做法。

我们尊重每个老师的价值取向、独特的教学方式，但是我们更需要老师在这个基础之上群策群力进行研究，共同探讨一些问题，共同改变一些现状。建平中学的课程改革都是以团队为单位的，比如说，语文改革肯定是以语文组为单位。如果没有语文组所有人的参与，这个项目是不批准的。换句话说，我们不希望有边缘状态的人。培养边缘状态的人，会导致团队文化松散。他站在岸边看着，他会指着下水的人，这个做得怎么样，那个做得不怎么样，会把团队搅混。

所以各教研组在申报课题来进行课程项目改革时，一定是以团队为单位的。成果出来之后，我们也是对整个团队进行评价，教学绩效奖励也是以团队为单位。

文化不是一天形成的，它需要一个日积月累的过程，一个慢慢经营的过程。我们的做法就是这样。谢谢！

慕政重（与会校长）： 我问程院长一个疑难问题。近几年我一直在观察，发现教育界研究问题、提出问题、讨论问题时也很赶时髦。比如，"和谐社会"这个概念提出来以后，"和谐教育"、"和谐教学"等就很多了，报纸上、杂志上经常有这种提法。还有其他一些新的名词，我就不一一举例了。这种赶时髦的现象您怎么看？

另一个问题比较具体。我们都在谈改革，课程改革、学校教育的改革。可是我们在谈问题的时候，"抓升学率"好像是过街老鼠。我觉得一流的学校肯定有非常好的质量，二流、三流的学校生源不好，但是如果它没有质量，老百姓不认可，将来永远走不出去。那么您怎样看待"抓升学率"的问题？

程：谢谢慕校长提的问题。关于追赶时尚的问题我也写文章谈过。从正面意义上来看，这起码表明我们的校长、老师愿意学习，愿意接受新东西。

但是从消极的角度来讲，我们在不断地学习新的名词、新的概念、新的术语、新的思潮、新的经验，我们蜂拥地去做，显然它就有问题了。可能会有哪些现象在里面出现呢？我想说一句比较极端的话——凡时尚的都是速成的，凡速成的都是速朽的。这几年的教育现状可以证明我这句话。

我们的教育界从来没有像今天这么活跃，也从来没有像今天这么混乱；从来没有像今天这么多元，也从来没有像今天这么分歧；从来没有像今天这么繁荣，也从来没有像今天这么芜杂。

我觉得这是一个伟大时代的特点。在这样一个时代里面，我们最需要保持自己的判断力，联系我的学校、学生、教师实际，我作为我这所学校的校长应该做什么，而不是别人做什么我就做什么。

我觉得教育是朴素的，是需要持之以恒的。

刚才讲的第二个问题，关于抓升学率的问题，教学质量的问题。实话实说，所有的中学校长都面对这个问题，初中校长要忙中考，高中校长要忙高考，概莫能外。但问题的关键在哪里？用什么方式抓住质量？我们现在都在用加班加点的方式，用题海战术，用人盯人的战术，死缠烂打的战术，不顾一切的战术……能取得成功吗？从分数的角度来讲是绝对可以的，但为什么这么多校长、老师却不愿意做呢？

因为这样的方式对老师、学生都是一种严重的摧残，我们不鼓励这样的方式。我们倡导换一种方式，用更符合孩子人性发展的方式，用更符合教师教学规律的方式。我觉得这完全是可以达到的。

我当校长时仍然去给学生上课，我经常因此感到骄傲和自豪。而且我也教过高三，在建平中学带了四届高三，但没有补过一节课。我高一、高二什么题都不做，就是两个作业，"每课一诗"和"每月一书"。"每课一诗"就是按照学号每节课由一个学生选择一首诗歌介绍赏析，然后全班同学把它背下来，从高一的第一节课一直到高三的最后一节课，日积月累，孩子们积累的中国诗词非常可观。"每月一书"就是每个月读一本文化名著，一直坚持到高三毕业。

最后的结果是什么？我所教的班级几乎没有哪一届不是年级第一名的。这种方式反过来也影响了我们的不少老师。课改以后，成绩不但没有下去反而上来了。

南京某校长：我想请教程红兵院长，怎样用最有效的途径让老师们通过自己的内心体验，来改变自己的行为方式和价值观念，形成教师文化自觉？这是第一个问题。

第二个问题是，三年一届的上海市特级教师评比，两次评选建平中学评上了8名特级教师。我非常惊叹，请问程院长：这8位教师通过哪些方式取得了这样的成绩？谢谢！

程：第一个问题比较难回答，我把它放到后面。

第二个问题比较简单。特级教师就是我刚才讲的这些，让他动，让他思考，让他表达，让他产生一定的影响力，他自然就成熟起来了。作为校长，我也可以从其他方面给予帮助。比如，建平中学申报特级教师的所有申报报告，我全看过，也改过，写得不好的老师我就亲自操刀帮他修改。区里的考核通过之后，我要求这些老师都要来我这里模拟答辩一次。原因在哪里呢？我们的老师习惯于向学生提问题，但是很少被别人提问题。因此，我觉得有必要帮我们的老师在关键时刻往前再走一步。

你的第一个问题问怎么来做。建平中学的文化是慢慢形成的，不只是我这一届，还有我上一届校长、上上届校长、上几届校长日积月累下来的。有些优秀的传统也值得我们商榷，值得我们不断优化。

我的观点是什么？把工作做得细一点。我们谈到文化的时候，都喜欢搞一大堆抽象的名词、抽象的概念，让大家云里雾里搞不清楚。我喜欢把它具体化。为何不找我们身边看得见、摸得着的例子，让老师们一起来思考？我们现在不缺乏理念，一套一套的理念；我们不缺乏理论，一套一套的理论。我们缺乏的是什么？联系教学中的例子，联系生活中的例子，我们一个个来分析、鉴别、讨论，慢慢改变，改变不可能一蹴而就。谢谢！

主持人：大家都还意犹未尽。我用几个观点来概括一下今天的话题内容。

第一，什么是校长的教师发展领导力？我认为它指的就是发展教师，提高教师，成就教师；就是给教师以希望，给教师以平台，给教师以机会；就是领导教师，服务教师，组织教师，创造适合教师发展的能力。

第二，校长不仅要有发展教师的意识，而且还要引导教师树立一种自我发展的意识，因为一个人成长的关键是靠自觉，靠自我建构。

第三，校长的教师发展领导力主要表现在两方面：一方面是要提高广大教师的整体素质，促进广大教师自我发展；另一方面要倡导一种"英雄文化"，它能为教育家的成长插上腾飞的翅膀。

最后，我觉得发展教师要有一种求真务实的精神，要当成一项长期的永恒的工程。此外，还要有一种平和、安静、淡定的心态，不要急功近利，更不能弄虚作假。

书生校长的"味道"
——与《中国教育报》记者王珺对话

　　提起上海建平中学，人们会很自然地联想到它的校长冯恩洪。2003年8月，58岁的冯校长将"帅印"交给了一位年轻人，这个人就是在语文教育界颇有名气的程红兵。对于建平来说，冯恩洪就像一位雕塑师，尽管他不在这里当校长了，却处处仍留有他的痕迹。作为继任者，程红兵将在建平写下怎样的一笔？让我们带着期待，循着他心灵成长的轨迹，品味书生校长的"味道"。

　　来上海近十年了，建平中学校长程红兵还是嫌沪上食物的口味过于清淡，他喜欢滋味浓重些，不要太多的甜，他需要有点咸、有点辣，那样吃起来才过瘾。就像他的喜欢"抬杠"，仿佛是为调和他外表的温文所加的一点"辣"。不抬杠时，你几乎会相信他从里到外是平和的；看他那些质疑文章，你又会发现他对批判有着近乎偏执的爱好，用他自己的话说："发现问题就不吐不快。"说起初当教师的成功感，说起学生因读书而思考、因思考而成熟，说起自己管理学校时产生的好想法，他都爱用"有味道"来形容。

　　4月29日，记者抵达上海浦东，与以书生自比的程红兵校长进行了一下午的长谈。彼时我们所置身的行政楼被初夏的气息环绕，学生们下课了，又上课了，校园里这种那种的树都新鲜地绿着。访谈结束时已到了晚餐时间，当晚是老师们参与教育沙龙的日子，学校食堂特地准备了免费工作餐。晚上，当教师们慷慨激昂地讨论"课程重构与课程文化建设"时，程校长坐在一边静静地听着。

将表面的"温"和内里的"辣"不动声色地集于一身，这就是这位书生校长的独特"味道"吧。

从"大副"到"船长"

记者：你的前任冯恩洪校长确立的"建平模式"在 20 世纪 90 年代轰动一时，做他的继任者，你有没有压力？

程红兵（以下简称"程"）：有压力，而且压力很大。去年 8 月，冯校长把建平的重担交到我的肩上，在任职大会上，我吐露了肺腑之言，我说："我们好比是在一艘轮船上，现在船长要去接一艘新的豪华客轮；我是大副，现在要出任船长的位置。也许我能够把这艘船开得很平稳，但也有可能在船航行的过程中发现自己不适合这个位置，一旦如此，我一定主动让贤。"

记者：话说得有点悲壮，现在觉得自己这个校长当得怎么样？

程：冯校长已经把建平中学带到了这样一个高位状态，我有没有能力使它在原有高度提高、推进、深入发展，这是我当时思考最多的问题。从我接手将近一年的工作看，应该还是令人欣慰的。2002 年，我们通过了上海市实验性示范性高级中学的中期检查，8 个指标 6 项优秀，两项良好；今年 4 月总结性评审，一共 9 个指标我们全部优秀。这个结果非常鼓舞人心，我觉得还是可以有所作为的。

记者：显然，你与冯校长是两种不同风格的人，他似乎拥有更多经营的智慧，是"动"的；而你可以说是学者型校长，是"静"的。你认为一"静"一"动"两种风格，对建平中学的事业发展有什么不同影响？

程：其实，我跟冯校长也有很多相同之处，比如都爱思考。当然不同点也非常明显：冯校长是德育特级教师，是全国优秀班主任出身，在德育领域很有建树；我在学科教学的研究方面可能有点特长，这恰好可以相互补充。冯校长的治校策略是由外围向核心逼近，外围是从环境开始，然后到学生社团，到活动，最终的核心是课堂主阵地。所以在这时，他将担子交到我的肩上，恰好发挥我在学科教学方面的优势，我自认为在这方面还能做点事情。至于人格气质，我们确实是不同的：冯校长善于用散文诗一般的语言表达他的思想，很有人格魅力，他用善于与人打交道的特点给建平创造了一个很好的外围空间；我的特点是比较低调，愿意在内部管理上下功夫。这也是互补吧。冯校长非常真诚、善良，懂得尊重人，我觉得这些都为我做出了榜样，我也会作为传统发扬下去。

记者：作为新任校长，你怎样保持建平已经形成的特色？你说过你喜欢否定，善于质疑，你对建平中学做过否定式的思考吗？

程："你凭什么当这个校长？当冯恩洪的继任者，你有没有自己的东西？有没有把学校引领到更高层次发展的思考？如果没有，你的价值何在？"我接任校长时真的是费了思量。在思考中，我提出在建平中学开展"新文化运动"。在继承中发展，在发展中创新，在创新中提升，是我的基本思路。继承建平优秀文化传统，探索未来学校发展方向，构建具有现代学校文化特质的建平学校文化，是今后一段时期的核心任务。这是一个以开放、民主、和谐、进取为精神内核的学校文化。冯校长1985年走进建平，就提出了校园文化的概念，可以说他是由校园文化起家的。对校园文化通常的理解是，让每一面墙都能说话，其次是学生社团活动。我觉得我们不能停留在这个层面，必须发展它，于是我提出"学校文化"的概念。我倡导的"新文化运动"是一个涵盖学校方方面面的文化体系。在通常的理解中，认为学校文化是游离于学校其他方面的一个分支，我的批判和建设体现在我把学校发展和学校文化建设水乳交融地紧密结合起来，我从学校教育工作的实际出发，提出围绕"自立精神，共生意识，科学态度，人文情怀，领袖气质"这五个培养目标来构建逻辑框架。五个培养目标的主要实现途径是课程，现在讲课程不仅仅是教材，还包括学校所组织的各种教育活动。因此我归纳为：课程统整和课程文化建设，校本培训和组织文化建设，环境整饬和环境文化建设，管理改革和管理文化建设。

"先结婚后恋爱"的教师生涯

记者：你在文章中说，你少年时代的理想是当作家或学者，但不愿做中学教师。有什么特别的原因吗？

程：我从小到大应该都算那种比较"乖"的好学生，所以一直是班干部。这使我与老师的接触更多，距离也更近，对老师的辛苦体会得比较深。况且那个年代，老师的地位并不怎么高。另一个原因可能和我喜欢读书有关，我也希望自己能写出有思想、有文采的文章。上大学时，甚至当了老师后，我还写了一大堆小说，当然统统被退稿了。

记者：最终却当了中学教师，你是怎样调整心态的？

程：也许是和教育有缘分。我1978年考进江西师范大学，毕业后分回上饶。本来上饶市人事局让我留下来当机关干部，结果我的母校上饶一中的老校长，派教过我的语文老师跑到我家里去说服我回上饶一中，他自己则跑到人事局游说，于是最终我还是回到学校当语文老师了。

我常说，我当老师是"先结婚后恋爱"。原来不想当老师，但走进课堂，跟学生在一起，就慢慢地改变了原来的想法。我文史哲什么书都爱看，最不爱看的是教学参考书。这使我上课跟一般老师不太一样，而学生好像就喜欢"杂七杂八"的，他们就跟我很亲近。在这个过程中，我慢慢品出了当老师的味道。我1982年毕业，1987年第一次评职称，据说必须有论文，可我当时老写小说，从来没写过论文。一着急，洋洋洒洒写了5500字，题目是"对高师中文专业教育的反思"，我是以过来人的身份来反思高等师范学校培养教师的问题，没想到就被采用了。第一次看到自己的文章变成铅字，心里非常得意。同时，我的课拿到市里、地区、省里去参评，都是一等奖。这种成功的感觉让我觉得找到了自己的位置。这样一来，我想作家当不成了，中学老师基本是当定了。

记者：跟你聊天时，你说43岁是个尴尬的年龄；作为校长，你现在依然活跃在语文课堂上，是对教学的留恋，还是有更深一层的考虑？

程：当校长的长处和短处我都已经体验到了，所以我的指导思想是进可进，退可退。如果能当好这个校长，能为建平做点贡献，大家也还需要我，我就把它做好；如果事实证明我不能把建平引领到更高层次发展，那我会急流勇退，我会回到我的老本行——教书，继续做回一个好老师的角色。

质疑名人只为把问题辩清

记者：最近有家杂志拿于漪、魏书生、钱梦龙三位语文教育界前辈"开刀"，言辞间火药味很浓。听说当年你也写过文章质疑魏书生，初衷是什么呢？

程：大约 1990 年，魏书生老师在《语文学习》上发表了《语文教学的科学化管理》，我当时读了很激动，他把语文教学管理构建了网状结构，学生什么时间做什么事情清清楚楚，而且还有反馈和检查制度。我决定好好学习学习。但仔细琢磨，我发现这管理有点问题。他的口号是"人人有事干，事事有人干，时时有事干，事事有时干"。他将之称为科学。我想，科学固然是科学了，但对象似乎弄错了。对象是学生，是活生生的孩子，是人。这么管理，学生成什么了？压抑不住内心的冲动，我需要尽快表达自己的疑问，于是就写了《回到原点》，后来被编辑改成《语文教学科学化刍议——与魏书生同志商榷》，发表在上海的《语文学习》上。

也许是"初生牛犊不怕虎"，我大胆地在文章中提出，魏书生老师在管理上的"科学"事实上在一定程度上否定了他的民主，或者这样说，曾被魏书生老师解放了的学生，又被他不自觉地关进另一只笼子，关进了他给学生安排的极为周全的"管理"之笼。文章刊登后，在当时的语文界有点小小的震动。有人指责《语文学习》编辑部发这样的文章"不负责任"；吕型伟、于漪、钱梦龙等专家则对我这种敢于质疑的科学态度给予了肯定。

记者：我们知道，许多人是通过骂名人来出名的，你当时有没有想引人注意、吸引眼球的想法？

程：没有。我当时读魏老师文章的时候是由衷地佩服，把他的管理措施全部做了归纳整理，想静下心来好好学他。在分析研究中发现了一些问题，发现问题后有种冲动，想说。发现了问题不说会非常难过。其实早在写大学毕业论文时，我写的就是这类提不同观点的东西。生活中我非常低调，不爱出头露面，而质疑完全源自无法压抑的内心激动，并且我很注意限定自己的批评范围，只是就文说文，就观点论观点，我的质疑始终保持在学术讨论的范畴。

所以我不赞成你刚才提到的最近某杂志的那三篇文章，我认为他们有炒作的成分，三篇文章就像集束炸弹，不是自然产生的，而是组织产生的，实话实说，他们有些地方说得有点"损"。

记者：从质疑魏书生开始到现在，你的这种个性是否有所改变？

程：没有吧？但来到上海后，在建平中学任教的过程中，我可能发生了一些"位移"。就是说原来是"批判现实主义者"，现在是"建设现实主义者"。批判固然痛快，建设更有意义，当然也更累、更难。我现在在校长的位置上，更需要做一个批判者和建设者合二为一的角色。

从批判到建设

记者：说说你的位移吧。

程：我在我的语文教学中进行了比较大的变革。把语文教学回归原点考虑，我们的语文教学到底是做什么的？到底要达到什么目的？说法很多。我觉得说到底，语文无非是教孩子读点书，养成一种思考的习惯，能够用自己的语言表情达意。语文的功能还原到最朴素的原始状态大概就是这些东西。所以我的第一步工作就是让他们读书，有滋有味儿地读书。现在语文教学最大的问题是强调做题。在做题的压迫下读书怎么能有乐趣呢？我想回归常态，让学生们看些喜欢的书。于是我在课堂上倡导"每月一书"，推荐学生读房龙的《人类的故事》、《宽容》，茨威格的《人类的群星闪耀时》，还有《歌德谈话录》、《别闹了，费曼先生》、《论语》等等，这些书一本一本地往下读，进入自然状态的读书，会使孩子们自然地读出味道，有兴趣的话可以画一画，摘录下来，随手写两句感想，很轻松、很愉快的。我是这样操作的：每个月把书目告诉学生，他们有钱就去买，没钱就到图书馆去借，每周交一次书摘笔记。我让他们用一个相对比较好的笔记本，给自己的笔记起一个很好的名字。我说这个笔记本实际上是你人生成长的轨迹，若干年后回过头来看会感觉很有趣味。一个月下来写一篇书评或读后感。这样一来，课堂教学的模式就发生了很大变化，比方说我们每月花一至两堂课的时间讨论一本书，通过讨论我发现学生身上同样有很多思想、很多教育资源。比如学生读《风雨中的雕像》，提出老舍是不是"雕像"的问题；读《傅雷家书》，学生质疑傅雷"在爱的名义下做了一个封建制家长"……通过读书，我觉得孩子们懂事了，语文课堂也仿佛吹进了新鲜的空气。

记者：从批判到建设的位移是不是标志着你的成熟？

程：也可以这么理解。我觉得成熟应该是批判的锋芒更加尖锐，而不应该以磨钝自己的锋芒为代价；在保持批判意识的同时，还应该有所建设。

记者：你把自己定位为"书生校长"，你觉得这种书生底色在管理学校的过程中给你带来了什么？有没有局限性？

程：我想，书生可能相当于古代的"仕"，西方的"知识分子"。什么叫知识分子？我觉得应该具备三个特点：知、识、人文关怀。人们比较容易忽略的是识，识就是见识。思想不是靠培训班培训出来的，而是经过长期思考、积累的。所以我对老师们说，思想从思想中来。我提出不光要读书，还要读脑——读别人脑海中鲜活的东西，我们每月一期的教育沙龙就是教师们互相读脑的过程。

说到局限，我不善于交往和联络，不太会搞关系。按说我这个角色应该多和领导走动，为学校的发展争取些有利条件。比方说多争取点钞票，多争取点项目，多搞点实惠的东西，但我做不来。不过，我这种性格倒赢得了老师们的认同。当初当选校长助理时，冯校长现场采访我，我说我的人生格言是："为文以真，待人以诚。"作文和做人我都努力做到真诚。

记者：有人说，作为教育者，他自己必须有梦，才能带着他的学生走向有意义的未来。作为一校之长，你的教育理想又是什么呢？

程：我的教育理想可以这样概括：让每一个建平学生的名字都充满神圣和庄严，让每一位建平教师都能拥有归属感和光荣感。

（原载《中国教育报》2004 年 5 月 25 日第 5 版）

"我有危机感"
——与吴法源对话

吴法源（以下简称"吴"）： 程老师您好！

程红兵（以下简称"程"）： 你好！

吴： 前不久看您学校的网站，了解到您作为唯一的教师代表，来北京参加由温家宝总理主持的深化医疗卫生体制改革座谈会。当时您主要谈了什么？

程： 噢，这是去年的事情。我既然是代表教师来的，就得为教师说话，对不对？我主要谈了医疗卫生体制怎么给予教师更多的关怀。另外，我还谈了农民工、农民工子女的医疗卫生保障问题。说实在的，他们几乎处于谁都不管的状态，他们缺乏一个基本的保障。我觉得，当下最容易被遗忘的可能是两类人：一种是特困的人；一种是特别忙碌的人，比如社会各界的精英人士。

吴： 对、对。

程： 我还提了报告当中不少表达上的问题，语法上的问题。

吴： 您是语文老师啊，职业习惯。

程： 参加座谈会的有几位农民朋友。他们听了我的话非常高兴，会议完了以后就拉着我的手说："感谢你替我们农民兄弟说话，你说出了我们想说但是说不出来的话。"

吴： 程老师，您是农民出身吧？

程： 我爷爷是农民，哈哈……

吴：1982 年你大学毕业后，就回母校上饶一中去了。似乎您本来要去做机关干部的。

程：对。我被母校的老校长给说服了，就回去了。

吴：您一进学校就做班主任？

程：对。做班主任，当语文老师，教两个班的语文课。

吴：当时您怎么教学？

程：说实在的，当时也不知道怎么教书，我是不太愿意按照模式化的东西来教课，就是想干吗干吗，愿意咋上就咋上，由着性子来，所以讲得比较乱、比较杂，但是孩子们都挺喜欢的。

吴：客观上有一个比较好的空间。

程：对呀，只要学生考出来的分数高就行了。就认这个东西。

吴：您当时有一篇论文，是反思高师中文教育的。一个中学语文老师，怎么想到做这个事呢？

程：这应该是 1987 年的事。当时第一次听说中学教师要评职称，大家说一定要写论文。我从来没写过教育类的论文，也不知道怎么写，就是有感而发。当时已经教了五年书，就回过头去想，我在大学里学的东西到底有啥用，就一口气写了五六千字。后来投给了《江西教育科研》，《江西教育科研》转给了《江西高教研究》，就发表出来了。

吴：这个写作对您的帮助是不是比较大？

程：我觉得是的。当这篇文章发表出来以后，江西高教学会召集了一次大学校长会议，特邀我参加。之后大概写了一年，也写了不少，投出去都石沉大海。自 1988 年 1 月份发了那第一篇论文后，大概有一年时间没再发过任何论文。

1989 年，《从人格培养看中学教育》终于在《中国教育学刊》发表了。后来就一发而不可收了，写什么都能发。

吴：后来有一件事情还是挺有意思的，就是您给当时的上海建平中学校长冯恩洪先生写了一封信。

程：那是 1993、1994 年的事儿了。我在《新华文摘》上看到了一篇文章，很长的一个摘录，报道了上海建平中学的改革。我读了以后非常兴奋，觉得建平中学就是教育最理想的地方。后来没多久，《中国教育学刊》发了我的文章《语文教学的有序性和无序性》。巧合的是，这期刊物也发了冯校长的一篇文章。这一下勾起了我的回忆，对，就是他。我马上给他写了一封信，表达了我对建平中学的向往。不到一个星期，我收到了他的回信，他叫我过去谈谈。

吴：当时建平中学陆陆续续吸引了很多优秀教师，这大概是其人才战略的一部分吧？

程：对，是这样的。

吴：您现在是建平中学的校长，也这么做吗？

程：现在不能这样做了，因为建平中学教师超编。

吴：您是 1994 年到的建平中学，想想都 15 年了。还记得刚到上海的情形吗？

程：刚开始有点水土不服，有一阵子觉得压抑，因为总有人说你怎么不行怎么不行。后来恰好碰到一个机会，浦东新区招聘校长，我就去应聘，就是笔试、面试、答辩等等，最后拿了第一名。这时候冯校长说，你到外面发展，还不如留在本校。我这人知恩图报，当年是他把我调进来的，他叫我留下来我就留下来。不过我也利用这个机会证明了自己。还有一个是考试，我教的两个班，优秀率比另外两个班高出 20 个百分点。而且那一年，我一下发表了 7 篇论文，都是省一级以上的刊物。这几件事还是给我赚了不少"人气"。

吴：您从什么时候开始在学校担任管理职务的？

程：是从 1996 年。那年我评上特级教师，10 月份或 11 月份，就让我当建平中学教科所的副主任，1997 年当校长助理，1998 年是党总支副书记，1999 年是常务副校长，就这么一个过程。

吴：做校长是哪一年？

程：2003 年。

吴：您给自己的定位是做一个"书生校长"，这还是有点另类的。做校长，您觉得最重要的是哪些事情？

程：我觉得就是给学校定位。学校从哪些方面发展，应该做什么事情，你必须把思想主脉理顺，接下来就是找到合适的人来做。说实话我放权是放得比较厉害的，我谈思想、规划、发展谈得比较多。我觉得校长出思想，副校长出思路，中层干部带着教师一块儿去做。

吴：您提出教师要做知识分子，这是基于亲身经历而提出来的吗？

程：我要说的是，教师要有知识分子的样子。不过中小学教师和大学教授相比，在学术修养方面明显不及，在操作层面上做了许多的事情，压力也大，所以常常一不小心就成了操作工。中小学教师和校长，很多都有这个问题。所以我说，教师和校长要"补钙"，补知识之"钙"，补学术之"钙"，补思想之"钙"。

吴：您自己"补钙"吗？

程：那是一样的。2007年，我考上了上海师范大学的博士，现在每周要去上两天课。我就是觉得自己的知识结构太陈旧了，也想通过这种方式逼自己多读点书。我感觉得到我的毛病在哪里，思维的毛病，凌凌乱乱的。跟现在这些青年硕士、博士相比，我有危机感。

（原载《教师月刊》2009年7月）

关于语文教育人文性的对话

——与于漪老师对话

程红兵（以下简称"程"）：于老师，您在《语文学习》1995年第6期上发表了一篇题为"弘扬人文，改革弊端"的文章，反思语文教育的性质观，认为"语文学科作为一门人文应用学科，应该是语言的工具训练与人文教育的综合"。文章发表后，在全国中语界产生了比较大影响，于老师，我想先请您谈谈写作这篇文章的缘起。

于漪（以下简称"于"）：我在《语文学习》1995年第6期《弘扬人文，改革弊端》中提出"语文学科作为一门人文应用学科，应该是语言工具训练与人文教育的综合"，是出于对语文教学现状的反思。现状的显著特点是应试教育，它带来了种种弊端，最根本的是急功近利，舍本逐末，忽视对人的全面培养，影响所及，一直到小学低年级。我们的教育应培养学生具有良好的思想道德品质、扎实而有用的文化科学知识，德智体全面发展。应试教育不仅不能有效地培养学生思想道德品质，就是文化科学知识也会限于窄、死、残破的囹圄，对人的塑造极为不利。应试教育使教育工作走入歧途，根本不能切实贯彻教育方针。

不赞成应试教育，并不是一概反对考试，考试在一定程度上不失为检查成绩、选拔人才的一种行之有效的方法。从我国历史看，隋唐后科举制下以考试选拔人才，在当时是一项重大改革，对于我国文化发展起过重大作用。即使在今天，考查成绩、选拔人才的途径多了，仍不能不用考试的方法。关键在于考试的内容。科举制度到了明代，提倡八股文。考试的内容只是"代圣人立言"，文章的形式是"八股"。读过《儒林外史》的人，都痛知其危害性。鲁迅先生说得好，"八股文原是进学做官的工具，只要能做'起承转合'，借以进了'秀才举人'，便可丢掉，一生中再也用不到它了，所以叫做'敲门砖'，门一敲进，砖就可以抛弃了。"难道我们今天的基础教育也流连于教给学生一块"敲门砖"吗？有识之士看到了应试教育贻误子孙后代的弊病，纷纷提出以"素质教育"代替"应试教育"，认识上要转变观念，行动上要转轨，这是切中时弊，为青少年学生造福。在这种背景下，我提出语文教育不仅应注意语言工具训练，还要贯彻人文教育的思想。

程：人文性这个概念是许多学科的热门话题。思想界谈人文性，文学界讨论人文性，科技界、语言学界也说人文性，语文教育所谈的人文性，您认为其具体内涵是指什么？

于：这是个历来谈得很多，还得继续探讨的问题，我只能谈谈一孔之见。谈这个问题，不得不在"文化"、"文明"、"人文"名词上咬文嚼字谈几句。

1. "文化"、"文明"在西方近代社会才开始谈得多起来，其内容随时代向前而有所变化发展。以"文化"（culture）为例。英国学者雷蒙·威廉斯写了一本书，叫《文化与社会（1780—1950）》，他在序言中说：以"文化"一字而言，它本是"天生成"的意思；在18世纪末和19世纪早期一变而有"习惯和心情状态"的意义，第二次又变成"社会、知识发展一般善"的意思；再则进而变成"艺术一般总称"的意思，最后到19世纪后期就发展成为包含"物质、知识、精神全部生活方式"了。我们现在说"文化"，往往与最后意义相似。由此可见，文化是人类社会历史实践过程中所创造的物质财富和精神财富的总称。至于"文明"（civilization），通常也称"文化"，有物质文明和精神文明。

2. 这个近代社会意义的"文化"、"文明"在我国是怎样应用起来的呢？先翻翻我们的老底。《周易·贲·彖》曰："刚柔交错，天文也。文明以止，人文也。观乎天文，以察时变；观乎人文，以化成天下。"周易研究者对此解释说：观视天文，明刚柔交错的现象，就能察知四时寒暑相代谢这种质性的规律，观视人的文明礼仪各止其分的现象，就可以教化天下，使人人能具备高尚的道德品质。这段话里谈到了"文明"、"人文"，且"观乎人文，以化成天下"，也有"文化"意义在其中。因此，以"文化"、"文明"译西方的 culture、civilization，很有不谋而合之处。

3. 浅谈人文。人们往往把人文与自然两个概念对立起来，但从"从猿到人"的发展看，人本来与其他动物一样属于自然。告子说："食色性也。"人与禽兽都一样。然而又称是"万物之灵"，那么"灵"在哪儿？人与一般动物的不同在于：人有思想，能自觉运用工具进行生产。

人类以社会生产谋生存，创造了社会生活，同时创造了文明、文化，使人生不断增加了人文精神。衣、食、住添加了人文因素，行的进步不断扩大了人文圈。人类也与其他动物一样传宗接代，但只有人类有富于人文意味的婚姻制度。人有了家庭，有了社会上各种人与人的关系，有了国家，有了种种典章制度，人类生活融汇成一个社会大人生。谈人文性，不妨说人文就是这社会大人生。语言文字是表情达意的工具，是人们最重要的交际工具，它关系到社会的一切方面，关系到社会的精神文明，关系到在人类社会中如何做人。语文教学中的人文性就是在进行语言文字训练时，要面向社会大人生，既在语言文字的应用功能上下功夫，又紧扣工具训练，撒播做人的良种。

再赘言一句："文化"、"文明"和"人文"有相同之处，人们往往混用，但仔细辨别，确有不同。

如果说"文化"是人们创造的物质财富和精神财富总称的话，"人文"则侧重于精神财富；

如果说"文明"有物质文明和精神文明的话，"人文"则侧重于精神文明方面。

程：于老师，中语界以前也有人谈人文性，大致说来有两种情况，一种是将"人文性"作为与"科学性"相对的概念，如高扬人文主义抑制科学主义，又如是人文主义，还是科学主义。这种提法往往是受哲学界的影响，比如现代哲学就将人文主义特指与科学哲学相对立，否认科学理性的作用，强调人的非理性因素的哲学理论，也就是与科学主义相对抗的现代人本主义。另一种情况是把语文学科划为人文学科的一门，具有人文学科的一般特性，把人文作为语文的上位概念。于老师，您所说的人文性与上述两种说法既有一定的联系，又有一定的区别，您是从一个新的角度、更深层次来谈的，是从语文教育的性质来谈的，给语文教育定位，其价值和意义是显而易见的，就这点而言，您所否定的和您所试图建立的都是根本性问题，这无疑是很有气魄的。

于：这一问题更是个争论不休的问题，我国"五四"以来也对民主和科学争论至今。若要对此问题作初步较全面的了解，可读一读中国人民大学出版社出版的肖峰著的《科学精神与人文精神》；若要了解"五四"以来关于它的争论，值得一读的是生活·读书·新知三联书店出版的林毓生著的《中国传统的创造性转化》。

关于"科学"，我曾查过有权威的英文字典，解释可译为：被安排成有条有理的知识，特别是得之于对事实观察和实验的知识。当然这只是常识性的浅近的解释，对于自然科学完全合用，用之诗文则有扞格，比如杜牧的《江南春》"千里莺啼绿映红"，《登徒子好色赋》形容美人"增之一分则太长，减之一分则太短；著粉则太白，施朱则太赤"，等等，若死心眼儿一里两里、一分两分去抠，不仅讲不清楚，而且有损形象，有损意境，破坏了想象力的发挥。比如后者，若进一步问"那美人究竟多长多短、多白多赤"，恐怕谁也答不出。

讲科学方法，如果对问题本身没有具体而实质性的了解，只是片面地加以演绎，就会犯形式主义的毛病。《荀子·非十二子》中，每批判了一种学说后，总加上一句"然而其持之有故，其言之成理，足以欺惑愚众"。出发点错了，一味演绎，看起来言之成理，反而会在歧途上愈走愈远。我对应试教育以及其中支离破碎、似是而非的应试题往往有如是观。

关于人文性，必须明确人在社会中摆好应有的位置，在科学技术高度发展的今天更有一个在自然中摆好位置的问题。就拿近代以来西方的一些科学家来说，有的以所谓冷冰的科学态度对待一切，从事科学研究时从不把人类的危害放在心上，于是有了"诺贝尔奖金"等；有的科学家在自然科学研究上成就卓著，而作为一个个人，他又信奉宗教，是宗教信仰者。

极少数的科学家同时又是思想家，爱因斯坦是光辉的例子，他不仅是20世纪最伟大的科学家，也是富有深刻哲学探索精神的思想家，他对人类社会有深深的责任感，闪耀着人文的光辉。他认为只有"把社会服务看作自己人生最高目的"的人，才有可能成为一个伟大的科学家。

由此可见，人在社会中位置的问题，千言万语说到底就是"做人"的问题，做有理想、有道德、有文化、有纪律的人。人们只有在社会中摆正位置，对人类社会具有较深刻的责任感，才会在自然中摆正位置。在今天科学技术高度发展的时代，在物欲横流、唯利是图、对自然大破坏造成大污染危害人类生存之际，人们摆正在自然中的位置尤为重要。而要摆正在自然中的位置需靠人文的力量。人们对于自然不可一味征服破坏，因为自食苦果的还是人类自身。我们常说与人为善，今天也应学会与自然为善。今天，我们已经听到21世纪迈步走来的脚步声，对青少年的教育不仅要着眼于让他们在求知的过程中学会在社会上好好做人，而且要着力引导他们有眼光有远见，懂得协调与自然的关系。我们要培养的是有志气、有抱负、有民族优秀精神的跨世纪的新人，语文学科是实用的、涉及面最为广泛的学科，在教学中不可须臾忽视这样的培养目标。

程：您所谈的人文性与语文教学大纲所谈的思想性有何区别？我觉得您用人文性取代思想性，使语文教育的学科定位更逼近真理，与过去的思想性的提法相比，人文性的内涵更加丰富。思想性的提法相对狭隘，着重于对学生进行思想教育，搞不好会变成单一的政治教育；人文性侧重于培养学生的健康人格，涉及情意态度、气质性格、思想修养、心理品质等方面。强调语文教学的人文性，也是突出学生在语文教学中的主体地位，不知我这个理解是否正确？

于：一般提思想性无可厚非，人总要思想，并须认真去思想。但以往一度把思想性误解为只是贯彻政治思想教育，以致把语文课上成"政治课"，这是不可取的。但这个缺点很快被发现并被纠正了。

您阐述的"人文性"内涵我基本同意。知、情、意，人格、情感、意志、性格、心理品质等等，均蕴含其中。至于"人文性"表现在师生观方面的问题，我是这样认识的，即学生应该是学习的主人。外国有句很幽默的话："作为动物我得吃，作为人，我得学习。"我们的学生是有思想的活生生的人，在学习中他们应该处于主体地位。教与学是一对矛盾，在教学中教师是矛盾的主要方面，启发、引导、点拨学生学，起主导作用，须千方百计调动学生学习的主动性和积极性。在语文教学中教师要目中有人，要尊重学生，使学生个性获得发展，要牢固树立学生是学习的主体的观念。"师傅引进门，修行在自身"，是教与学辩证关系的生动写照。

程：您强调的人文性与工具性的统一，与过去人们谈的"文道统一"是否一致？有何区别？

于：古人有学道、学文之不同。顾随先生在《宋诗略说》开头写道："古人说'文以载道'、'诗言志'，故学道者看不起学文者（程伊川以为学文者玩物丧志），学诗者又谓学道者为假道学——二者势同水火，这是错误。若道之出发点为思想，若诗之出发点为感情，则此二者正如鸟之两翼不可偏废……人既有思想与感情，其无论表现于道或表现于文，皆相济而不相害。"于是人们又有"文道统一"的提法。

语文教学中谈的"文道统一"，实际上已赋予新的内容。如果说是旧瓶装新酒的话，所装新酒乃是"形式与内容"，或"语文形式与思想内容"的统一。凡事凡物皆有内容与形式的问题，所以我在拙文中提出了工具性与人文性的综合。与古人谈的有所不同，今天所装新酒更为贴切、清纯，富有时代色彩。须知：语文学科是一门实用而又多彩的人文学科。

程：人文性与工具性之间可有轻重之别、主次之分？强调人文性会不会因此忽视工具性？

于：从写文章角度看，人们常常提"意在笔先"、"意犹帅也"，显然是以内容为重，内容为主。其实内容与文笔有机结合，思想感情为里，语言文字为表，二者结合得好，必然相得益彰。

语文教学中的工具性和人文性皆重要，不可机械割裂。抽掉人文精神，只在语言文字形式上兜圈子，语言文字就因失去灵魂、失去生命而暗淡无光，步入排列组合文字游戏的死胡同；脱离语言文字的运用，架空讲人文性，就背离了语文课，步入另一个误区。二者应有机结合，使之相得益彰。过去我们反对把语文课上成政治课，提倡人文性，当然不能把语文课教成思想修养课、道德品质课或其他课等等。语文课就是语文课，须把握它的本质性，在语文知识教学、语文能力训练中贯彻人文精神以培养学生，收潜移默化、春风化雨之功。

程：于老师，您提出的人文性问题，也许有人会以为仅仅是口号变更、概念转换而已，我以为用"人文性"取代"思想性"当然是概念的转换，因为概念的变化就意味着内涵的变化，就意味着我们对事物认识的发展。但并不仅仅是概念的变化，首先，您所提的人文性问题就源于语文教学的现状，而且您之所以提出人文性，根本目的是要使语文教学界走出困境，提高语文教学效率。语文教育的性质涉及语文教育系统的方方面面，您提出了一个思想，并指明了方向，如何把思想和灵魂变为行动，变为语文教育的物质大厦，需要许多人的共同努力。谢谢于老师。

新语文，把"人"字写得更大些

——与何郁对话

　　对忙碌的程红兵来说，接受《语文世界》的采访，他是非常愉快的。他本人曾经在《语文世界》做过一年的主持人。但是到了约好的那一天，程红兵告诉我，他感冒了，头疼得很厉害，担心谈不好；可他又说，这样也好，估计没有什么人打扰，难得清静。后来在谈话时，程红兵先生仿佛忘记了感冒，一边大声地说着话——用他的话说，就是"张开大嘴奔跑"，一边下意识地擦着头上的冷汗，时不时还站起来，在办公室里来回走动。我们的交谈，程红兵先生的"演讲"，始终是在兴奋、愉快的气氛中进行的。

　　何郁（以下简称"何"）：程校长，您是新一代语文教师的代表之一，年轻、热情、锐利，思想充满活力，不仅新见迭出，而且著述颇丰。您的身影活跃在语文课堂，活跃在师生中间。在教学中，您以鲜明的教学风格赢得了广大师生的热爱和欢迎。特别是在培养学生人格方面，您更是显示出了独具魅力的探索精神。我注意到，您关于学生人格培养的思考，很早就开始了，那个时候，新课程还没有像现在这样铺开。您那么早就开始关注这个问题，对这个问题，您有一些什么独特的看法？

　　程红兵（以下简称"程"）：说不上独特的看法，但关于培养学生健康的人格这个问题，我很早就开始了思考，这倒是事实。还在 20 世纪 90年代前期，我就在《中国教育学刊》、《天津教育》和《中学语文教学参考》上发表了三篇论文，谈到了培养学生人格的问题。评上特级教师以后，我更是系统地阐述了这个问题。2003 年，我出版了《程红兵与语文人格教育》一书，可以说是我对语文人格教育长期思考和研究的一个结晶。

关于人格教育，我作了一些思考，我是回归原点思考，就是从语文教育的原点来探讨语文教育的问题。现在我们不是都在说语文教学有问题吗？如果有问题，那么问题出在哪里？尽管我的探讨可能不全面，但探索总归是有价值的。对中国语文教育的忧虑，迫使我回到原点思考语文的问题。语文课到底干什么？教语文的目的是什么？我想，语文教育的目的还是培育人，培育能够熟练地掌握和运用母语的人，培育具有人文精神的人。语文既教人"学文"，又教人"做人"，这大概就是语文的人文性，也就是古人所说的"文道合一"吧！

我想说的是，学语文是一个综合性的活动，任何孤立地"学文"或者"做人"，都会割裂语文的生动性和整体性，都会扼杀语文的生命活力。

何：在培育人的问题上，您特别注意培养学生健康的人格，这是不是说，您认为培育人，最重要的就是要培育人的人格？为什么培育学生的人格会成为培养学生成才最重要的问题呢？

程：应该说，在培养学生成为人的时候，人格是最核心、最重要的因素。人格是一个人一切心理素质的综合体现，有什么样的人，就会有什么样的心理和言行。学生和学生的差别，也主要反映在人格的差异上。还有，许多研究表明，对一个人的发展和成就起决定作用的，不是一个人的知识，也不是这个人的能力，而是人格。我们经常说，我崇拜某一个人，在很大程度上，是在崇拜这个人的人格，为这个人的人格魅力所吸引。

再说，人本来就是一个综合体。我们一出生就是一个完整的人，就有头，有胳膊，有腿，有思维，有心灵。请注意，我用的是"完整"这个词，这说明人不是后天拼装出来的。人不同于一台电脑，也不同于一部轿车，电脑和轿车是由若干个部件组装而成的。人是一个"全息"的生命体，是一个鲜活的生命。人应该是一个整体，我们的教育应该正视这一现象，我们教师必须树立整体意识。这个整体意识就是关于人的全面发展的思想，就是人格教育的思想。以前的分科教学有它进步的地方，但分科教学忽视了人的整体发展，所以它也有不合理的地方。我们的语文教育应该弥补这个缺陷，因为语文是综合的，是整体的，是关于人的全面发展的。我们既要培养学生"学文"，也要培养学生"做人"。

何：关于人的培养，是一个亘古常新的题目。而人格的培养，古代和近代虽然涉及得少一些，但已经有鲜明的论述了。比如中国古代大思想家孔子，就曾经提出"君子"的理想人格。西方文艺复兴时期，一些思想家主张大力发展人的潜能，全面地学习知识，他们提出了"全才"的观念，这说明，人格教育也是一个很古老的话题。那么您认为，在新课程的背景下，我们的人格教育与古代相比，有哪些进步，哪些不同？

程：这个问题恐怕涉及教育的目的和培养目标问题。教育的目的不同，培养目标不同，很自然地人格教育的理想就会不一样。比如，孔子想把人培养成"君子"，卢梭想把人培养成"自然发展的人"，而尼采认为应该培养"超人"。在中国古代，教育的目的就是为统治阶级培养接班人，说通俗一点，就是培养官吏。所以那时候，读书的根本目的就是为了将来做官，这样的教育是面向少数人的。在近代，随着工业革命的兴起，社会进入了一个机器化时代，社会上需要大批掌握一定技能的劳动者。教育的目的是为工业时代培养熟练的技术工人，因此"知识"和"技能"成为那时理想人格的两大特征。无论是古代还是现代，人格教育都打上了工具的烙印。马克思认为，资本主义工业时代，人被异化为"工具"。现在我们是真正把学生当作人来培养，人格教育成为新的课程改革中最亮丽的一面旗帜。我们的教育是面向全体的，是面向每一个学生的，我们是充分尊重人的，我们的教育目的不是要把人培养成某个方面的工具，而是要把人培养成"人"。在我们的新课程标准里，就鲜明地把"以学生发展为本"这个思想写了进去，并把它作为我们的行动指南。

著名教育家夏丏尊曾经说过，我们培养人，好比是挖一个池子，不能只注意到如何挖池子，而忽略了池子里的水，这水就是爱，就是情。夏丏尊先生讲的意思是，我们要用"爱"来教育学生。这句话刚好也可用来说明人格教育的问题。我们的教育不能只关注教学形式，而把教育的初衷丢了，不能忽视学生的人格。我们要把培养学生的人格作为语文教育的重点工作来做。

何： 在您看来，您想把学生培养成为一个什么样的人？换一句话说，您理想中的人格教育应该有一个什么样的标准呢？

程： 我认为应该把学生培养成一个健康的人，拥有一个健康的人格。什么是健康的人格呢？我想有两点很重要，第一就是要具有独立精神，第二就是要全面发展。结合我们建平中学的实际情况，我们把一个学生健康的人格教育分列成下面五个方面：1. 自立精神：主要含义是学会学习，学会生存，自信，自强。2. 共生意识：主要含义是要善于和他人和睦相处，和社会共同进步，和自然和谐相处。3. 科学态度：在科学的品质里，有两样东西最重要，一是"实事求是"，二是"批判精神"。4. 人文情怀：我们强调两个方面，一要关爱他人，同情弱者，理解他人，接纳他人；二要对人类自身充满终极关怀。5. 领袖气质：要重点培养学生具有一种自我牺牲精神，一种责任意识，一种组织、协调、管理能力。我认为，在中国不缺少那种尖端的科学家，我们在各个层面上都缺少的是能够成功领导一个团队或梯队的领导人。

何： 您说的太好了，很有现实意义。最后，我还想请您结合自己的语文教学，谈一谈您是怎样进行语文人格教育的。

程： 我认为人格教育和语文教育是水乳交融的，是始终结合在一起的。对学生的人格教育，体现在语文教育点点滴滴的过程当中，这一切是自然而然发生的，绝不是人为的。比如我在教学贾平凹的《丑石》时，刚开始学生不理解贾平凹在文中所表达的"甘于寂寞"的思想。有的学生说，贾平凹作为名人这样说话，是站着说话不腰疼，他自己出名了，反倒劝别人甘于寂寞。在这种情况下，我就引导学生查找贾平凹的生平资料，研究贾平凹的生平，后来学生明白了，贾平凹在多次失败后，认识到父亲给他起名"平娃"是希望他一生能够平平安安，而人生之路并非平坦的，因此他将自己的名字由"平娃"改成"平凹"。这时又有学生提出，"甘于寂寞"在《丑石》提出的当时或许还有意义，但是在现在就有些不合时宜，我们现在是要张扬自我，是要向社会推销自己，又怎么能"甘于寂寞"呢？对此，我又引导学生讨论北京大学"王铭铭事件"，使同学们认识到，要想学有所成，就必须"甘于寂寞"，就必须"板凳甘坐十年冷"，就必须克服浮躁的情绪。在这里，既是语文教育，又是人格教育，人格教育自然而然地渗透在语文教育的全部过程中。

何：从我自己的成长经验来看，"做人"肯定是要学习的，问题是怎么学，是不是一定要生搬一套东西加在我们身上，这个问题我们还可以再讨论。关于做人，有两点建议，我以为不妨记住，一是认真读点好书，二是用心向生活学习。

关于公开课

——与李镇西书信对话

镇西：

你好！

此次成都之行收获很大，引发了我的一些思考，现在和你一起来讨论一下。

听课听得多了，觉得有必要反思一下观摩课、示范课、公开课。

我以为此类课应该分级，根据上课教师的不同，起码分两大类。一类是参加工作不久的青年教师，完全可以沿用现在流行的方式，反复备课，反复试教，个人备课，集体备课，不断接受来自各方面的修改意见，最后上台表演，这一系列反复的过程是青年教师掌握规范的过程，是青年教师明确如何上好课的过程，是激发青年教师精益求精的过程，使青年教师学会上课。

另一类是已经工作好几年的教师，则绝对不能采用上述形式，在掌握规范多年之后，再来表演规范，则明显让人感到做作，是在演戏，而不是教学实验，在掌握规范之后，应该是超越规范。

听课与看戏不同，教师听课是明显地带着学习的目的性而来，一般观众看戏则以观赏为主要目的，观赏就是看你的表演，你就应该表演得非常漂亮、圆满，具有可观赏性。听课是学习，就应该具有可学性，因此它必须在常态下进行，这是教育实验的一个基本要求。观摩课虽不拒绝漂亮，但绝对应该拒绝为表演而表演，拒绝为刻意追求漂亮完美而失常，失去常态，就失去真实，就失去其实验的价值和意义，失去可学性。虽然我们并不拒绝漂亮，但在目前观摩课更多地追求表演性的时候，为力纠时弊，我倒觉得现在有必要提倡否定表演，杜绝表演。说到这里，我想到为什么我们语文教学上了这么多的公开课、观摩课、示范课（我敢说在众多学科中公开课之多没有超过语文的），而语文课依然问题很多（是不是最多不敢说，但受到抨击、批判最厉害是不争的事实），而且从总体上看，学生对语文课兴趣不大，甚至一些学生讨厌语文（有调查表明语文课仅好于政治课），也是事实。原因多种多样，其中之一就是这种观摩课没有可学性，仅有表演性，没有学习意义，仅有欣赏价值，没有学习价值，甚至执教者本人平常教学也不这么上，可见其假到什么程度，虚到什么程度，脱离实际到什么程度。

观摩课到底观摩什么，示范课到底示范什么，听课到底听什么，这是值得我们思考的问题。我以为公开课的目的在于实验，听课的目的在于学习交流。因此我们就应该考虑实验的目的、学习的目的，语文课堂教学实验无非在于探索一种新的教育思想在课堂教学中的实践，探索一种新的教学手段的运用，一种新的教学模式，一种新的教学方法，一种新的教学课型，一种新的反馈系统，一种新的评价方式，在教学常态下呈现（这里用"呈现"，而不用"展示"，"展示"很容易走向表演）。

正因为是新的探索，才能给人以新的启发、新的思索。

正因为是常态下的呈现，它才能给人以学习借鉴的意义。

正因为是探索，所以无需圆满，也不求十全十美，一扫表演的痕迹，即使是不成功的地方，也能从反面给人启迪和教训。

如果这个观点能够得到认可，进而成为大家的一种共识，那么结果和意义是显然的：

第一，我们的语文公开课，就会呈现一种百花齐放、百家争鸣的喜人局面，而不像今天的各种观摩课给人以千人一面、千课一味的感觉。

第二，语文教学的实验探索就会逐步推向深入，语文教学及其研究就会逐步走向科学化，而不是像今天的公开课徘徊在原有层面上，始终脱不了分析的路子，形式或许有些变化，但始终在分析，很大程度上是分析肢解了一篇篇美文，是分析使许多学生对语文缺了兴趣，甚至讨厌语文。语文课为什么一定要分析？不分析难道就不行吗？我并不绝对反对分析，而是反对分析一统天下。正是因为缺乏逐步深入的科学探索，所以我们语文教学总是止步不前。20世纪80年代初和90年代末的语文课可以说基本上没有什么区别，没有多大的发展，而且旧有的问题没有得到解决，甚至越来越多，愈演愈烈。我们期待真正科学的探索能一点点地解决问题，一步步地向前发展。

第三，常态下的实验具有可学习可借鉴的实践意义，会逐步影响一些人，慢慢扩大，最终渐成气候，而不像现在的表演观摩课，听完以后，许多人觉得漂亮是漂亮，但根本无法学习，于是依然故我，还是老一套。必须指出的是，我们这里说的学习是真正意义上的学习，而不是简单的模仿照搬，我们绝不是忽略教师的个性风格，恰恰相反，是尊重教师的个性。

我们总在说素质教育是以培养创新精神和实践能力为核心。要培养学生创新精神，我们教师自己是不是应该具备创新精神？语文课堂正是语文教师创新的一块田地。我们语文教师如果具有创新精神、创新能力，那么将在人格上给学生以极大的正面的影响。

说到这里，回头看看你的课，虽然在一些具体环节上有可商榷之处，但试图作一些探索（可能顾虑到某些方面的因素，虽然探索并不十分彻底），我以为这正是你的公开课的意义，是你的教育思想的呈现，是你的教学方式的呈现，是你的实验的呈现。从这个意义上说，你的课是可圈可点的，"质疑李镇西"并不是我的目的、意图，"提醒李镇西"才是我的初衷。

以上是我的一些想法，不知你以为然否？愿闻指教。

此致

敬礼

红兵
1999年3月22日

关于语文教学多元化

——与李镇西书信对话

镇西：

你好！

计划经济向市场经济过渡，整个社会也由一元向多元过渡，经济形式的变革，对人类的影响是多方面的、深层次的，人们的生活方式、价值取向，也在发生深刻的变化。"选择"已经成了一种人们习惯的行为方式，以自选为特征的超市成为备受人们青睐的购物方式，是一个典型的例子。个性需要成了人们选择的主要依据。应该说这是符合人性特征的。人是有不同个性的，文学也是多元的，我们的语文教学也应该是多元的。然而现在语文教学恰恰是一元的。

语文教材是一元的。在全国绝大多数地方是人民教育出版社教材一统天下，四川曾经也编了自己的教材，但最终无法和人民教育出版社竞争，匆匆退出历史舞台；有些省市使用自编的教材，但也是一种教材一统天下，最多是两种，比如上海市有 H 版和 S 版教材，然而不论是人教社教材还是省市自编的教材，骨子里都是一样的，都是文选式教材，都是一种教材模式。不同的人（阅读兴趣不同、个性爱好不同、理解能力不同、语文程度不同）读的是同样的教材，毫无选择余地，甚至学校也没有选择教材的权力。教材可不可以有多种形式？可以是文选式的，也可以是专著式的，重点高中的学生完全可以阅读经典著作，以之为教材；可以是按照文体编排，也可以是按照语文能力编排，还可以是按照年代先后编排等等。

教法的一元化。从总体情况看，语文教学依然是按照时代背景、主题思想、写作特点，从头至尾地分析一遍，这样一种教学模式一统天下，以前是满堂灌，现在是满堂问，或者是问和讲的综合，始终脱不了分析课文的模式，我们可以问一下：语文教学不分析课文可不可以？在语文课上，就是朗读课文可不可以？就是背诵课文可不可以？

文章解读方式的一元化。对选入教材的文章，我们的语文老师和同学只能从好的角度去分析理解，去欣赏吸收，不能说一个"不"字。我们的解读必须紧扣教学参考书，紧扣各种标准答案、标准说法，不能越雷池一步，不如此，就会没有统一的评判标准，就会乱，就无法评定分数的高低。一篇文章应该分三段还是分四段，不必争论，就按照教学参考书的说法。诸如此类的问题本来是可以有多种答案的，语文本来就是多义的，人们看文章的角度也可以是不同的，何必要千篇一律、人人一样呢？鲁迅谈到对《红楼梦》的阅读，不是说过不同的人会读出不同的东西来吗？对文章的解读本应该是多元解读、个性解读，一千个读者就应该有一千个哈姆雷特。

话语形式的一元化。用规范划一的话语形式来套一个个可爱的孩子，使得学生的说话呈现一种形式，谈吐呈现一种腔调，写文章也是千篇一律，套话连篇。甚至课堂上的回答问题也是如此，比如中心思想的概括就必须是：通过……赞扬了……揭露了、唤醒了……揭示了……这样一种话语形式，像套子一样，把生动活泼的孩子束缚住了，少年偏说大人话，孩子却发成人腔。有人说语言是民族的血脉，单一的八股式的话语形式，体现了个性的呆板划一。这是很可悲的。

评价测试的一元化。语文考试只有一种形式，就是用语文基础、阅读、写作组合的一张试卷，来考评学生，此外别无选择，初中学生如此，高中学生也如此。形式统一，内容统一，答案统一，时间统一，地点统一。不但被评价者处于受动状态，就连评价者的主观意愿也很难介入。让如此众多的学生接受同一张试卷测试，接受同一种答案评判，如何体现学生个性？如何体现学生的创新精神？不同的学生选择不同的测试形式、不同的试卷、不同的测试时间、不同的测试地点可不可以？很值得我们思考。一切从人出发，什么都好办。

提倡多元，会不会削弱规范？会不会使教师、学生无所适从？我以为是不会的。我们说的多元是在不同层面切入的，是在掌握基本原则的基础上切入的，打碎的是枷锁，是僵化的教条，获得的是选择的权力，是自由。

当然这里面还有很多文章可做，需要我们认真、深入地研究。

此致

敬礼

红兵

1999 年 6 月 26 日

关于语文教学人文性

——与李镇西书信对话

镇西：

你好！

此次西安之行，我们又相聚了，看来是真有缘，一年之内我们三次见面，谈话又是如此投机，有幸。临别前我们相约就语文教学人文性再作笔谈，现在先由我来说说看法。

所谓人文性，从感性的层次来讲，是对人的理解，对人的容忍，对人的接纳，对人的尊重，对人的爱护和关怀；从理性的层面来讲，是对人终极价值的追寻，对人类命运的忧患。作为语文教师，首先遇到的问题是如何对待学生。

科学的学生观是必须正确地看待学生，要把学生当"人"看。学生是主体的人，有自己的独立人格，有自己的主体意识，教师要相信他们，尊重他们。有一个学生写了一篇题为"偶像"的文章，文中提到，她一直崇拜足球健将范志毅，欣赏他在绿茵场上的英姿，但是一次偶然的相遇，却改变了她的看法。一次在麦当劳的邂逅，她为范志毅的傲慢无礼而震惊，他场上的英雄气概被他场下的粗鲁表现粉碎了，偶像在她心中坍塌了。写到这里，文章本可以结束，但作者进一步思考：偶像也是人，既然是人，就有人身上的弱点，不能奢求明星该怎样，人无完人。这个思考已经比较深入了，文章还没有完，作者由人及己，认识到："平凡的我们亦有自己的闪光点。"非常深刻，自主意识非常强烈。教师应该尊重并充分肯定他们这种思想认识。在学习课文《项链》的时候，同学们对主人公玛蒂尔德也有自己的看法，有同学认为小人物也应该有所追求，为什么一定要人家安于现状？对主体意识已经觉醒的学生在给予肯定的同时，还应该予以指导，予以培养。事实上，由于我们长期以来忽视了对学生主体意识的培养，导致不少学生不会选择，缺乏自主。一位心理学工作者调查了150名学生，问他们：学习生活遇到问题，一时解决不了怎么办？这150名同学异口同声地回答"找父母"，竟无人回答自己想办法。问他们今后准备从事什么职业，百分之七十的同学说要问过父母才能回答。父母长期包办代替，学校教育又缺乏相应的培养，使得孩子们在"爱"的光环下，失去了选择的自觉和选择的能力。这一点是值得我们警惕的。

其次，我们还要看到我们的学生毕竟是孩子，有其惰性，有其贪玩、好动、爱胡思乱想的天性。学生的成长不应以失去童心为代价。有一则报道说，美国有一位小学生的作文写得很有意思，几个男孩在芦苇中发现两只蛋，一大一小，大的像天鹅蛋，小的像蛇蛋，孩子们的看法各不相同，争论不休，于是就把两只蛋放在烘箱里去孵，当蛋壳快破的时候，大家紧张地盯着看，大的蛋先破了，出来的是克林顿，小的蛋也跟着破了，是莱温斯基。如果要我们来评价这篇学生作文，我们如何评价？是说它歪门邪道，还是说它胡思乱想？其实，胡思乱想里面就很可能孕育了创造的细胞，一遇时机，它就会萌芽破土，迅速成长。大凡天才儿童都爱幻想，这是十分难能可贵的。我们总说学生作文缺乏想象力，其实我们常常不自觉地压抑学生的想象力，常常用规范和格式去压制学生，制造一个个套中人，生产出一篇篇套中文。一说春蚕蜡烛，我们的学生就会想到教师的无私奉献；一说钟表，我们的学生就会想到时间宝贵。这些文章千篇一律，虚情假意，自己不激动，别人更激动不起来。我们不能责怪学生，而应该反躬自问，我们是如何教育学生的，学生是怎么被捆住想象的翅膀的。苏联教育家阿莫纳什维利谈到，他的班上有一个非常爱好音乐的学生柯蒂，每当小音乐家在课堂上出神地幻想起来，不自觉地用手指在想象中的钢琴上弹奏起来，不听老师讲课时，阿莫纳什维利就走到柯蒂身边说："孩子，你在干什么？你要明白，你在上课。"柯蒂吃惊的神态使阿莫纳什维利无限自责，阿莫纳什维利说："天才儿童爱在课上幻想，这是因为智力的激情和交往精神像点燃火箭的燃料一样激励着他的才能脱离教室现实的吸引力，投入到其他现实中去，例如音乐、诗歌、数学等。如果笼罩在教室里的智力的激情和交往的精神充满着敏感性和同情心、互相理解和互相关心，这种'燃料'的推动力将变得越来越强大。"（阿莫纳什维利《课的颂歌》）阿莫纳什维利的认识值得我们认真思考，我们不能对学生的幻想采取简单、粗暴的禁止或压制的办法，多一点同情心，多一点理解。美国著名心理学家罗杰斯强调要给孩子一定的心理自由，是很有道理的。孩子们是聪明的，在自由的玩耍中，他们能够发现许许多多观察事物的新角度；孩子们是机智的，在自由的活动中，他们能够使许许多多事物巧妙地发生比附和关联；孩子们更是想象的天才，在开放自由的环境里，他们能够使许许多多的事物，自然地从现实走向未来，从未知走向已知。有人说得好，小孩在沙滩上堆沙，并不只是堆沙而已，而是一种创作，一种想象。一如牛顿在苹果树下拾苹果，并不只是拾苹果而已，还有牛顿的思维。从小孩到牛顿，他们在享受创作的喜悦，这种创作是人类所独有的。一位大学教师曾经做了一个实验对比，他用粉笔在黑板上点了一下，问大学生这是什么，大学生都说是粉笔一点，此外再无任何说法；同样的问题问幼儿园里的小朋友，他们的答案五花八门，有的说是天上的星星，有的说是爆米花，有的说是熊猫的眼睛等等。这一现象引人深思。当然，我们强调给孩子一定的自由，并不是否定教师对他们应有的教育；我们否定模式化的教学，并不是否定规范。

第三，学生是有个性差异的。人的性格是不同的，人的情趣爱好、人的能力是有差异的，生活是丰富多彩的，文章、文学作品是多元的，如果你试图使多元一元化，使丰富多彩变成单纯一律，那就会产生荒谬异化的现象。现在我们统一的东西实在太多，四五十平方米的教室，统一的课桌布排；四五十个学生，统一着装；四五十分钟一节课，统一上下课；读同样的书，统一的教材；上同样的课，统一的文章解读方式；接受同样的老师，统一的教法；做同样的作业，统一的标准；考同样的试卷，统一的答案。有人说自夸美纽斯班级授课制以来，就一直如此，似乎是理所当然，我们不禁要问：一直如此就永远正确吗？有些东西可不可以是多元的？比如，教室的布排就可以是椭圆的，围成一圈，便于讨论，教师也是讨论的一员，不再是居高临下的，布道式的。教材的编法也可以是多种多样的，不一定是文选式的。老师的教法也不一定是赏析式的。对同一篇文章也可以有多种解读方式，何必强求一律？我不是绝对反对统一，而是反对统一的绝对化，我主张多元与一元的辨证。

正确认识学生，是实现语文教学人文性的先决条件。不知你以为如何？

此致
敬礼

红兵
2000 年 4 月 28 日

演讲：
激情洋溢评说学校

点评上海市三林北校办学[①]

    我是来学习的，今天来得早一点，想悄悄地把学校看一看，一不小心碰到了一位老师，这位老师报告了杨校长，杨校长带着我又看了一遍，应该说我印象很深。我走了很多学校，去年在浦东新区走访了40多所学校，今天到这所学校来看，感觉确实有不一样的地方，这里有很多小兔子，老师在养，学生在养，家长也十分热心地参与，确实不同凡响。

    其实走进一所学校，你看到了外在的东西，给了你直观的印象，今天很多学校外在的东西看上去一样，好像没什么太大的差异，但是走进三林北校，感觉和其他学校有明显的不同。刚才又听了校长和两位老师的发言，对这所学校的办学有了进一步的认识，可能也印证了我刚才走在校园里的感觉。

    我们今天开这个会，形式非常好，这是一个"开放式的研讨会"，我们请了媒体记者，《上海教育》的总编助理、新闻中心主任，华东师范大学的教授，教育署的署长，还有我们学校的老师。这种方式我觉得非常好，大家关心教育、热爱教育，一起来谈，每个人的角度不同，看问题的方式也不同，在这个过程中大家集思广益，对我们的办学，对我们校长、老师，会许多启发。假如这个开放式的研讨会能进一步开放的话，我们的家长和学生是不是也可以参与进来。学生可以坐在这里，聊我们的生活，

---

    ① 2012年5月17日参加三林北校课堂研讨会的现场点评。

聊我们的教育，聊我们的课程，聊我们的小白兔，聊我们的小鸟，不需要一本正经的演讲式的。刚才那些演讲的孩子们讲完了就走了，有点可惜。我们的老师有兴趣的可以一起参与进来，我们一起来谈，这就是学校文化。

杨正家校长的报告有一个非常好的地方，就是从文化的角度来讲的，他的发言题目是"探索教育创新，积累学校文化"，这两个概念在众多校长的报告当中、论文当中很常见，但这样的表达方式很少见。少见在哪里？现在的校长们在发表论文、高谈阔论、讲学校文化的时候，更侧重于谈一些大概念，更热衷于谈一些理论性的话题，更喜欢把大学教授传播的一些新概念、新思想再来讲一遍。但是杨校长的思路不是这样的，他的思路在于细节上，他刚才讲的几句话我印象很深刻，他是从细节入手去做文章。我们这所原本"不起眼"的学校，今天变成了"起眼"的学校。对于这个"不起眼"的观点，我有不同的想法，我觉得所有的学校都应该是起眼的。因为我们有校长，我们有老师，我们有可爱的孩子。杨校长的工作思路我是非常认同的，学校文化别谈大概念，别谈那些莫名其妙的东西。学校文化在哪里？学校文化就在学校的每一寸土地当中，就在所有的教育环节当中。"于细微之处见精神"，我觉得这句话很有道理。以细微之处见文化，比如学校校庆日产生的过程，就是一种细节文化。而且，走进三林北校，走进我们的会议室，就能感觉到这是我们的学校文化，比如这个会议桌，老师坐的凳子，就很有文化感觉，它是"本色"啊！我们的校园没有特意打扮成花枝招展的样子，但是每一寸土地都留下了老师和孩子的汗水。刚才杨校长陪我走的时候，我看到老师在菜园里打理自己班级种的菜，而且脸上露出幸福的笑容，这不是装出来的，而是真心的。这就是文化，文化不是那些大的概念、笼统的概念、不着边际的话，文化就在点点滴滴的校园生活当中。三林北校给我的印象是，我们有一位用心办校的校长，有一个用心教育的老师群体，有一些非常可爱的孩子。有了这份心思，就像我们种菜一样，过程和结果一样美好。刚才杨校长问我，怎么这些菜我都认识，菜名都叫得出来。因为我也曾经种过菜，我是 1978 年高中毕业的，1974 年进中学，读了 4 年，初中两年，高中两年。高中生活半年学农，半年学工，半年学军，最后半年学习文化考大学。这些活我都干过，而且干得特别有趣。刚才杨校长提出来：学校向社会提出神圣而又庄严的教育承诺，这个承诺很有道理，很有时代意义，就像我们学校朴实的文化一样，办一个有影响的学校、有个性的学校、令社会满意的学校。我走访过很多学校，不少学校的社会承诺是"给我一个孩子，还你一个栋梁"。那不是承诺，而是广告。换句话说，有商业利益在里面。而三林北校对社会的承诺是实实在在的，而且我们看到了学校的发展路径，办学思路非常清晰。

　　刚才两位老师在报告中介绍了学校两个重要的举措或者说两个重要的亮点。关于"亮点"，我有时想：教育为什么一定要追求亮点呢？教育没有亮点可不可以呢？我们现在一直在讲特色化办学，我的一位好朋友——四川一所中学的李镇西校长就说过，他要办一所没有特色的学校。我觉得我们学校的这两个举措是很有必要的。一是 BAS 课程，刚才我们看到学生的演讲，也看到了很多老师亲身参与了这项课程。它的德育意义、育人意义在于，我们的老师和孩子们都参与了，都体验了，这很好！我觉得这是一个非学科化的课程，这个课程还原了生活本来的特色，还原了生活本来的状态。在这个过程中，孩子们去看了，去做了，去喂养了，去想了，去体验了，这就够了。换句话说，这就是生活，这就是乐趣，这就是老师和孩子一起看到的生活中非常有意思的东西。教育其实就应该是这样子的，我们今天的教育太功利化了，我们的教育要升学，要分数，要各种各样的东西。但是教育还有很重要的东西，应该是令人感到特别有趣的。它让我们回归生活的本体，回归教育的本真，它让我们的老师和孩子获得一种非常有意思的体验。我觉得，既然是非学科化的，就要生活化，既然要生活化，就不要太程式化，就是不要太拔高——刚才孩子们的演讲就有一点成人化，为什么非要上升到哲理的高度来谈论这件生活小事呢？为什么一定要任意拔高呢？为什么最后孩子们得出的那些结论都是我们成人化的哲理？那种作文化的套路我觉得不需要。只要孩子们能感受到生活中有这样的细节，有这样的趣味，有这种生命在发芽、在成长、在壮大、在结果实的过程，这就足够了，无需再给予什么哲理性的分析，就像法布尔观察描写小动物那样，只要把那个过程描述出来就很不错了。

第二种举措就是"微论文"。这种做法我也非常认同。比如"师生共享的课堂作为研究实践的主要对象"、"打开了一扇门，从门外走到了门内"，这是教师自我研修的形式。我觉得教师的研修说到底就是靠自己，外在的影响是很有限的，关键是内里的东西。你喜欢教育吗？喜欢这个行当吗？如果不喜欢，建议换个地方。如果喜欢，就应该认真地、投入情感地去研究。把我们所有的精力、爱好、情感都投入这个事业中，这才是老师的一种境界。回归生活的本真就是教育的一种境界。这种方式非常好，让老师们自己去做，而且是大部分老师一起参与，尤其是 50 岁以下的老师基本都参与了。我觉得下一步是不是可以考虑，一个老师做一个微论文，从生活、从教育出发研究具体的问题。接下来是不是考虑一个备课组、一个教研组、一个年级组、一个学校分别研究什么。一位老师的作品是微论文，两位老师的作品是微论文，多个老师集中起来就是一个小型课题，一个学校就是一个大课题了。我很认同这样几句话：一个学生也不放弃，一生做合格教师不放弃！今天我们都在讲特色化办学，实际上一所学校没有 20 年的沉淀，哪里来的特色？按照这种思想来实实在在地做事、实实在在地研究，并分享这个过程中的快乐，一直这样走下去，那么三林北校一定会成为有特色的学校，相信在杨校长的带领之下、在老师们的努力之下、在各位专家的帮助下，三林北校一定能成为很好的学校。

点评广元外国语学校的学校管理[①]

今天先开教师座谈会，再听了三节语文课，然后召开学生座谈会，最后听了校长陈大向的汇报。

现在我提几个想法。从战略上看，要重点抓高中，高中是当下广元外国语学校相对薄弱的阶段，教师和学生都反映，小学最好，初中也较好，高中略次。高中应该把质量摆在第一位，要考虑三年、五年之内如何提高高中质量，有提高高中质量的战略规划，建议适当压缩高中规模，集中精力提高质量、创立品牌。至于经费问题，可以采取其他方法来弥补，比如小学已经有很好的社会影响力，可以多招收小学生，以弥补经费问题。高中部是重头，管理要下大力气，还不到无为而治的程度。中层干部的管理能力需要进一步培训，在精细化程度上要进一步培训，要让中层干部知道什么时候做什么事，按照什么标准，谁来做，谁来检查。比如出题，今天上午的作文题是有问题的，不是一道好题，一套模拟试卷怎么出来，如何出题，如何审题，按照什么标准出题、审题等等，管理需要进一步精细化。

教师队伍的结构问题，一个学科、一个年级一定要有一个学科权威把关，一个中层以上干部坐镇，最多只能带两个新手。抓好教研活动，特别是备课组的教研活动，要研究教学中的关键问题、有价值的问题，否则教

---

① 2011 年 12 月 13 日下午，在广元外国语学校。

研活动就没有意义。昨天有干部提出，有些业务能力强的教师，不愿意参加一些活动，我以为主要是因为活动对他们没有意义。

校长亲自带一支小团队——思维清晰、有一定能力的人重点研究、梳理一下教师的基本工作，看看哪些是无用功，想方设法给教师减负，教师的负担过重是走不远的，是做不好的，应把不必要的活动减下来。以晚自修为例，广元外国语学校英语、语文老师天天都要来，天天都工作到晚上11点钟，这样下去要出问题的。建平中学晚自修时，一个年级只有一个教师巡视，广元外国语学校目前还做不到，但是高一、高二年级晚自修减去一半人是完全可以做到的，今后再减少三分之一的人也是可以的，高三暂时可以不减，等高一、高二成功减人之后，有经验了再做调整。

定期召开教师座谈会，听听老师的想法、意见、建议，校长多表扬。老师讲的过程就是宣泄的过程，心里就会放松，就会高兴，就会愉悦。采纳教师有价值的建议，会使教师产生较强的认同感，认同学校的举措。

定期召开学生座谈会，听听学生的意见，对教师改进教学很有益处，对学校改进学校办学很有益处。校长一个学期开一次座谈会，副校长就开三次座谈会，教务主任就开五次座谈会，整个学校就会形成重视学生意见的氛围。教师若能认真听取学生的建议，就一定能够改进自己的教学，即使没有专家指导，教师也能提高。

点评河南教育名片学校①

  刚才我们大家一起分享了两所优秀的学校，一个是郑州外国语学校，一个是郑州市第102中学。这两所学校教育教学改革的许多做法和经验都值得我们认真学习、消化、汲取。作为本场的主持人，新安县第二高中的曾校长，他所办的学校也是非常出色的，用一种校长的精神去影响一支团队的精神，用教师队伍团队的精神去影响学生的精神。呈现给我们的三所学校可以说各有所长，他们学校的教师进行的教育教学改革和取得的教育教学成果都令我们刮目相看。三所学校在教育教学当中所采取的教育策略是不完全相同的，他们所做的具体工作也不是完全相同的，他们所进行的过程也都是不太相同的。所以从这个意义来讲，我们的收获是非常大的。

  新安二高这所学校校长的思想是非常美丽的。校长的精神影响了这个学校的精神，我看到一篇关于这所学校的题为"学校文化力造就高品质教育生态"的报道，校长实质上是一个精神导师。这所学校的办学条件确实不怎么样，但是校长强调一种不讲条件、不论生源，自加压力、深入挖潜，顽强拼搏、追求卓越的精神。我们从这所学校看不到太多改革的新鲜做法，但是这所学校在办学过程中所洋溢的、所体现的内在精神，的确是值得肯定的。新安二高的团队精神营造的一个重要的抓手就是团队的评价。团队的评价在一定程度上能够凝聚教师的团队精神。当然我们知道，

---

  ① 本文系程红兵针对第二届河南教育名片中学组所作的点评报告，原题为"追寻课程改革的价值，学习适宜的经验"。

所有的精神教育、理念教育都必须负载于具体的教育教学当中，负载于具体的课程改革和教学改革当中，所以新安二高的成功体现了一种非常重要的精神因素。

郑州外国语学校的做法让我们在座的校长、教师内心深处有一种震撼、感动，有一种思维突然变得开阔起来的认识与理解。郑州外国语学校进行的是一种深入的课程改革、课程建设。这所学校的课程丰富多彩、生动活泼，让学生享受到现代教育的魅力、成果，享受到一种不输于任何一个国家的国际教育。从这个意义上来说，这所学校的本土教育和国际情怀结合得如此融洽，如此完美。

郑州市第 102 中学所进行的主要是教育教学的改革，更重要的是教育过程中课堂教学的改革。他们从杜郎口中学、子龙学校学习了先进的经验，同时利用了郑州办学条件的优势。郑州市第 102 中学的硬件设施超过了杜郎口中学，用电子白板代替传统黑板，电子白板较之黑板的功能显然要丰富得多。这种聚焦课堂，通过教学方式、教学观念的转变和教学技术的跟进，把课堂变成了学堂，把演员变成了导演，把课堂上的教师一言堂变成了百家争鸣。这种先学后教、以学论教、少教多学的教学方式，体现了课堂教学的多元化、层次化、人文化。

刚才我讲了许多我认同的地方，实话实说，当校长这么多年，我也真切地感受到一所学校、一名校长到底能做多少事情。坦率地讲，很少、很难有多大作为的。我当校长时就知道这个问题。以上三所学校拿到全国去和任何一所学校相提并论，都是可以去表彰、去认同、去肯定的。在这个基础之上，我们同时还要考虑另外一个问题，即三所学校如何进一步发展。我不提供结论，结论由大家自己来考虑，来判断。

1993 年，我写了一篇文章，是关于教育经验的学习和推广的。我们如何学习他人的经验，学习的方式应该怎样确定，学习的基点应该如何定位，学习的问题应该怎样设置等等，都值得我们大家考虑。想来想去，大致有以下几个要素需要我们注意。

第一，我们要知其然。换句话说，今天把三所学校的经验呈现在大家面前，我们肯定要知其然。知其然的含义是什么？就是要知道其对在哪里，好在哪里，妙在哪里。我用一句话来评价郑州外国语学校，即妙在课程。其课程不是狭义的课程，而是广义的课程，他们全面而深刻地理解了什么是真正的课程改革。经济的变革可以引起教育的变革，所以要在大的视野背景下考虑我们的办学理念，如果没有这样的视野，下面的具体做法就有问题。我的观点是你有多大的视野就决定你有多大的作为。郑州外国语学校工具性课程强调的首先是外语课程，既有英语课程，也有许多小语种课程，目的是拓宽视野；其次是国际交流课程；再次是地方和社会资源方面的课程。他担心许多校长不理解社会资源课程对学校到底有多大作用，还特地引用了两个学生的话语。一个是学生到社会福利院回来以后的体验和感受，一个是学生升入大学后的感受和体会。这个课程很重要，我们不仅要知其然，而且要知其所以然，即他为什么这样。

我们看郑州 102 中学。他们为什么要这样？改革的原因何在？原因就在于我们今天的课堂有问题，教师成了演员，课堂成了教师的一言堂，课堂效率不高，学生活跃不起来，所以才要改革、才要这样做。我们不仅要知其所以然，还要知其如何然。也就是说，他们怎样操作的，怎样进行的。

第二，要知其不然。刚才讲要知道他们的好处、妙处、正确之处，学习中还要知道他们不好的地方、不正确的地方、有待提高的地方。这才叫学习。换句话说，什么叫站在巨人的肩膀上？其意义就在于超越他。从某种意义上讲，郑州 102 中学超越了杜郎口中学。原因在哪里？他们不仅知道杜郎口中学好在哪里，还知道哪里有待进一步发展。每所学校都有长处，也都有短处，我们要知道其有待提升的地方在哪里，这样才有学习的价值。

围绕这个问题，我们进一步追问。知其不然还要知其所以不然。杜郎口中学刚开始课改的时候，所谓"10 + 35"、"0 + 45"看起来很荒诞，但在当时他们必须这样。矫枉必须过正，然后开始逐步地改进。

第三，要规避不然。也就是说，要规避不好的地方。当一个先进典型出来以后，大家都去学习，很多人都照搬、移植，甚至一丝不苟地在学校里回放，这样的学习就不是学习。每所学校都有个性化的条件和问题，都需要用不同方法去解决。我们学了很多先进学校的经验，在学习过程中，许多学校只是把这些经验叠加起来，而不是融会贯通。其实，只有实现融会贯通才会产生超越。在超越上有两种形式和状态：一种是形式上的超越，一种是本质上的超越。形式上的超越和本质上的超越是有根本区别的，我们要规避形式上的超越。比如预习环节。一种是理想化的预习，专家称之为裸读——从教材出发，从文本出发，自己去阅读，通过阅读生疑，然后去探究，而重要的就是产生疑问这个环节。现实中，预习是老师布置问题让学生去解决或者根据教材上的问题去预习。很多时候，学生只是把预习看成解决问题和查找答案，没有独立思考，最后导致不会发现问题、不会生疑。产生疑问非常重要，它是探究能力的起点。如果没有让学生亲身经历思考的过程，教师就直接把答案呈现出来，那么预习就没有意义了。

在展示过程中，课堂应该展示什么？教师都要求学生展示成果，我个人认为，展示问题更重要。学生质疑的问题如果把老师都能难住，那才是最好的问题。我们要展示经过学生深度思考的不太成熟的、片面的问题。

展示有"三困"，即我的困惑是什么，有困难没有，有困境没有。这才叫真学习，有价值的学习，所以我反对展示的说法。我更喜欢用呈现，呈现各种困难，呈现思考过程中的问题。我们在思考学生的时候一定不要忽略教师，我甚至反对把课堂还给学生。课堂、学生、学校的价值在哪里？什么叫作课堂？我喜欢回到原点考虑。我们的教育教学在行走的过程中往往偏了，不知道走向哪里。课堂最本质的特点是什么？应该是师生当下的对话和交流。教师应给学生答疑解惑，只有这点还不够，教师还要于无法处授法、于个别处指出一般、于无疑处生疑、于无向处指向。在学生没有方向的时候给学生指明方向，在学生没有疑问的时候质疑，在学生没有方法的时候教授方法，在学生只看到个别现象的时候帮助学生上升到一般规律。所以，我们研究课堂很有意思，也很有价值。

研究课程同样很有价值。郑州外国语学校对课程研究得非常充分，通过对比就能找出我们学习的方向和价值。对照郑州外国语学校就能看出郑州 102 中学的缺点，对照郑州 102 中学也能看到郑州外国语学校的缺点。

在学习中，我们要处理好几个关系。第一个是动和静的关系。我们要发动、鼓动学生，充分调动学生，但课堂不仅仅是这样的，展示一定要有限制、要有节奏，因为课堂还要有静静的、深入的体会和感悟。第二个是生和师的关系。两者的关系不可偏重，要把握好度，把两者的作用都发挥出来就是最佳的关系。第三个是课堂与课程的关系。课堂是课程过程中的一个焦点，很重要，但它不是课程的全部，在课堂之外，我们还有很多重要的事要做。比如郑州外国语学校的国际交流课程、"模拟联合国大会"课程等。这些课程都需要我们具体的方法指导。

回过头来，我们看到了各个学校课堂上的长处，我们追问：过去他们为什么不这样做？现在我们为什么这样做，而不那样做？我们不能简单地认为这样做就是绝对好的。原因很简单，各种改革都有其合理的地方，我们要看其效益，要找到课堂与课程的一个折中的关系点。

最后，一种模式和多种模式的问题。用全部精力去探索一种新的模式非常好，但是不要以一种模式包打天下，否则会带来很多问题。现在关于教学有三个主义，我今天用三句话来讲，是对于学习和教学的理解。一是认知主义。学习就是知识的获得，教学就是知识的传递。二是行为主义。学习是反映的强化，教学就是基于操作与练习的训练。三是建构主义。学习是知识的建构，教学就是创建学习的环境。三个理论各自走了一个极端，孤立地看每一个理论，他们都是错的，所以不能用一种模式包打天下，学习要进行多种模式的融合。关于学习，你不能相信一种理论，而要运用多种理论来进行多种形式的探究。

学校发展与现代学校文化建设

一、为何聚焦学校文化

学校发展与现代学校文化建设，是建平中学的一个发展战略目标。我们为什么定位于这样一个战略目标？我们是基于什么样的考虑？我们对过去做怎样一种反思？学校文化现在已经成为一个时尚的话题，时尚的背后是什么？时尚的背后泥沙混杂，坦率地说，时尚的背后也有"伪文化"的现象出现。

从学校发展的角度来讲，建平中学历经六十多年的办学历史，这六十多年的办学历史沉淀下什么东西？我的前任校长冯恩洪，在教育教学改革过程中做了很多可贵的探索，他留下了什么？沉淀下来的是文化。

为何聚焦学校文化？也是我们对整个基础教育全面反思的结果。应该说，整个基础教育在前一阶段发展比较迅速，呈现出一种科学化、规范化的发展状态，但是在这个过程当中我们也看到了很多问题，我用四个概念来概述当前教育界，特别是所谓发达地区教育的基本状况，即千校一面、万人同语、全能制度、外力制动。

什么叫做千校一面？所谓千校一面也就是说学校之间的差异度越来越小，学校没有个性，学校的特点非常模糊，相同的地方越来越多。什么原因造成的？前一阶段我们的教育部门，在做达标工程，初中阶段搞达标工程，高中阶段搞实验性示范性学校的评审，试图实现教育的均衡化。但是在教育走向均衡化的同时，我们还应该考虑一个问题，即教育还需要个性化，只有这样才能适应当下社会的发展需求，适应人才成长的需求。所以，我们讲均衡化的教育发展走向无疑是正确的，但是均衡化发展的同时，还要坚持学校的个性化。

全国各地都在搞实验性示范性学校评审，都有很多好的经验。上海的实验性示范性学校评审，应该说做得非常到位，因为整个过程不是面向过去的，而是面向未来的。上海的实验性示范性学校评审经过了四个阶段：第一个阶段是督导，全面督查你这所学校的整体发展情况如何，是否有资格申报；第二个阶段是规划评审，你可以申报实验性示范性学校，但要拿出你的发展规划来，你的发展规划不仅要有适度的超前性，更要有可操作性，既要有一定的科学性，也要得到广大教师员工、学生、家长的认同；第三个阶段是中期检查，对照你的规划来检查你的工作，比如落实程度怎么样，是否还有新的战略思考；第四个阶段是总结性评审，围绕你的规划，督查你是否逐项落实，同时还要看看未来的发展，你还有没有新的增长点和发展空间。

经过这样一个机制下来以后，学校和学校之间的差异越来越小，因为检查标准是统一的，验收过程是规范的。按照相同的检查标准和验收内容，各个学校积极准备、积极应对，然后专家进行认真的评估检查，这样下来，学校之间的差异度自然就越来越小。

我仍然要说这个过程是必要的，也是非常重要的。原因在哪里？这个过程是规范化的过程，过去我们办学，出现了很多有名的校长，有名的教育家，实话实说他们都是凭着自己对教育的热情，凭着对学校办学的思考，按照自己个性化的理解来办学的。这是一种经验性的办学，学校的发展不能仅仅停留在经验这个层面上，而应该走向科学化，走向规范化，走向标准化。所以经过所谓的初中达标工程，经过高中实验性示范性学校评审这些措施，我们的学校逐渐走向规范化，由过去的经验化办学走向今天的规范化办学，走向了标准化办学。这是问题的一个方面。

问题的另一个方面是什么呢？没有规范的时候，首先必须建立规范；有了规范以后，超越规范是第一要务，这就是我所要讲的规范的辩证法。我们由过去的个人的经验化办学，走到今天的科学化、规范化、标准化办学，而下一步必然应该走向个性化办学。所以，没有规范的时候必须建立规范，有了规范的时候必须超越规范，这才是规范的辩证法。

超越规范是指学校办学的个性化。何谓学校个性化办学？现在有很多学校提出个性化办学，有的学校竞赛成绩很突出，获得的奖牌很多，奥林匹克竞赛频频获奖，学校以"金牌学校"自居，似乎"金牌学校"就是他的个性，这样理解我认为是不对的，是以偏概全的，因为所谓奥赛充其量是极少数老师带着极少数学生做的事。有的学校高考成绩特别好，以高考出许多状元、出许多高分引以为自豪，高考出高分本应该自豪，但是把这个作为这所学校个性化办学的一个标志，坦率地说，这也是不符合个性化办学的基本思想的。

现在很多校长经过多年的培训之后，都能喊出许多时尚的口号，然后以此来包装这所学校，作为这所学校办学的个性化体现，比如愉快教育、成功教育、快乐教育、责任教育、人格教育等等。口号有没有作用？口号当然有用，但是如果仅仅停留在口号的层面上，意义是不大的。口号只有真正转化成教师的教育言语、行为，转化成他们的思维方式，转化成具体的教育细节才有用。

这里涉及我们对文化的理解。其实，学校文化很重要的一点就是学校的教育价值取向。关于教育，关于学校，你以什么为重？关于学校办学，你是怎样一种思考？其实，学校文化体现在具体的教育细节当中。

我在这里举一个例子。一位年轻漂亮的小学女教师，准备参加优质课大赛，努力争取一等奖，事先经过教研组老师的集体备课。经过教研员反复的点拨，这堂课准备得非常充分，志在必得。比赛那天她打扮得非常得体，穿了一件漂亮的花裙子，裙子上贴满了五角星。课堂上，学生正确回答问题之后老师高兴地从裙子上摘下五角星贴在小孩子的脑门上，孩子们感到非常得意、自豪，一切都在预料之中，整堂课气氛非常热烈。突然，老师裙子上的一颗五角星掉到了一直没有获得五角星的同学旁边，他把它捡起来了。看到其他同学脑门上有五角星那得意、自豪的神情，他非常羡慕，很想趁着老师和同学不注意，悄悄地把那颗五角星贴在自己脑门上。但是犹豫了半天，他最后报告老师："您裙子上的五角星掉下来了。"老师接过五角星一句话也没说，顺势就贴在了自己的裙子上。当时听课的一些老教师和评委为她感到遗憾——经验不足。这个时候接过五角星，顺势贴在孩子的脑门上，对那孩子就是一个很好的鼓励，不过毕竟年轻，情有可原。课继续往下上。课快要结束的前一两分钟，老师裙子上的一颗五角星又掉下来了，巧的是，还是掉到了一直没有获得五角星的同学的旁边，这个同学把它捡了起来。这时下课铃声响了，他看到很多脑门上有五角星的同学活蹦乱跳地冲出教室到外面去玩耍了，他也想趁老师和同学不注意，悄悄地把它贴在自己脑门上。但是，犹豫了好半天以后，他跑到老师办公室，向老师报告："您裙子上的五角星掉下来了。"那位年轻漂亮的女教师说："这堂课结束了，五角星没用了，你把它丢到垃圾桶里吧。"

我们想一想，孩子听到老师说出这样的话，内心深处会产生什么想法？经过这么多年的教师培训，所有的老师耳熟能详的一句话就是"一切以学生发展为本"。可是我们看看那位老师，她的话体现了"一切以学生发展为本"吗？显然没有。她有一个功利的价值取向，就是拿教学一等奖，这可不可以？当然是可以的，问题是仅有这个功利的价值取向是不行的，也就是说在教师内心深处还应该有孩子。"一切以学生发展为本"的口号我们喊了多少年了，但是还没有真正转化为我们教育者的行为、话语。所以，从这个意义上说，学校的个性仅仅是提一个口号的话，那太容易了。如果我们以口号作为学校办学个性化的一种体现，我觉得这种理解很显然是不正确的。

那么学校的个性是什么呢？我所理解的学校的个性是学校的文化个性，是学校的文化内涵，是多少年来学校的校长和教职员工在教育教学的实践过程中沉淀下来的东西，是学校的办学特色，是学校的精神积淀。在这个过程当中，我们来理解、把握学校的个性。这是我要谈的基于对现实反思的第一个问题，即所谓千校一面。

第二个问题就是万人同语。万人同语是什么意思呢？就是教育界同行，不论是校长，还是老师，经常用同样的话语方式，都在不断地追风逐浪，流行什么我们就说什么。所以说，现在谈学校文化，一不小心就会走向文化的反面，走向文化的悖论，也就是并非真的文化。现在流行什么说什么，已经成为习惯了，比方说前一阶段流行研究性学习，所有的中小幼老师、校长，都热衷于谈论研究性学习这个概念，不论哪个学科，哪些教学内容，都一概套上研究性学习的概念。

我们都是当老师出身的，我至今仍然在课堂上教书，我始终在想一个问题——研究性学习这个概念虽然有它的意义和作用，但是我们扪心自问，它真的是主导一切的学习方式吗？不是这样的。我觉得，在学校教育当中，传授式学习仍然是主要方式之一，只是过去传授式学习我们用得太多了。所以，研究性学习是一种适当的补充，也是一个尝试。你想想，那么多的数学公式、定理，你都要学生研究，你的课时来得及吗？你的课时会不够的。那么多的物理公式、定理，那么多的化学公式、定理，是不是都能通过研究得到呢？坦率地讲，人类创造了太多的知识和财富，这些知识和财富要想都通过研究来获得，很显然是不可能的，不现实的。你只能是有一部分拿来研究，大部分用传授的方式来传承。这是教育教学的基本常识。

有段时间大家都爱谈多元智能理论。最早把加德纳的多元智能理论引进中国的是李泽厚及其同仁们，1986年他们是把它作为美学著作引进的。后来教育理论工作者似乎找到了一个法宝，用多元智能理论来解释我们的许多东西。我在教育报刊上看了许多有关的文章，在大家都一片叫好的过程中，我发现只有一个人对多元智能理论提出了否定意见，他就是北京师范大学著名心理学教授林崇德先生。

再比方说学习型组织。现在上到省部级领导，下到居委会主任，都在谈论一个很时髦的概念——学习型组织。什么叫学习型组织？我们很多人的直接理解就是只要学习、只要读书就是学习型组织。坦率地讲，这和彼德·圣吉在《第五项修炼》这本书中提出的学习型组织的概念其实不完全相同。很多人在谈论这个概念，但《第五项修炼》这本书，从头到尾却没有认认真真地去看一遍，因为大家都忙着谈论概念，忙着凭自己的一知半解来理解这个概念。所以说，我们的校长和老师在不断地追风逐浪。可是我要追问一下，这风从哪里来的呢？教育理论家们在"兴风作浪"。"兴风作浪"四个字我打上了引号，表明它是中性的，不是贬义的。教育理论家们在各种教育报刊上，在他们的论文、专著中，介绍了大量的新名词、新概念、新思想、新理念、新模式、新技术、新手段，把它们传播给了广大中小学校长和老师。所以，我说是教育理论家们在"兴风作浪"。我再追问一下，教育理论家的风从何来？浪从何来呢？"西风紧，满地黄叶飞。"什么意思呢？我们很清楚，教育理论家们的新名词、新概念、新思想、新理念、新技术、新模式、新手段等来自西方，来自所谓的发达国家。它们传到中国以后，铺天盖地，所以才有了"西风紧，满地黄叶飞"的现象。我们的教育理论家们借助于自身的外语水平，翻译、编译了大量国外的先进教育理论著作。这个过程有没有问题？我认为是有问题的。问题在哪里呢？这里面隐藏着话语霸权的问题，也就是西语霸权。我们所热衷于谈论的时尚概念，都不是我们原创的，而是来自西方，这个过程当中隐含着非常明显的话语霸权问题。

当然，实事求是地说，这是一个必经之路，中国的现状跟这种状态是吻合的。为什么呢？因为我们过去是一种封闭化的状态，是一种封闭情况下的办学。30年前的中国是什么样子我们历历在目，那时候是我们对外面的世界根本不了解，脑海中没有西方的一些先进的东西。所以我说这个阶段是超越不了的，是必经之路。

这些新思想、新理念、新概念、新模式、新技术、新手段的传播有好处，可以冲击我们脑海中陈旧的观念。我一直认为毛泽东是一个伟大的教育家，虽然他在政治方面的贡献更大。他对中国传统教育的弊端看得非常深刻，可以说是入木三分。毛泽东就读于湖南第一师范学校（以下简称湖南一师），但不是通过正常的考试成绩进去的。他非常偏科，国文非常好，历史非常好，自然科学如物理、数学之类的却不行。所以，他进入湖南一师是经过同乡介绍和帮忙推荐的。按说毛泽东应该非常珍惜这次机会，但是他到校以后，对师范学校的教育方式非常厌恶，所以不到半年就提出离校，因为他对那种教育教学方式忍受不了，他要到军营里，到部队当中去学习文化。可在部队当中，他发现那时候的部队不是他理想中的部队，也不是一个学习的场所，于是又重新回到学校。毛泽东对中国传统教育方式有很深刻的认识，对其弊端看得非常清楚。

改革开放以来，持续不断地传播西方先进的教育理念、教育手段和模式，对我们长期以来封闭的脑海有很好的警醒作用：冲击我们的观念，开阔我们的眼界，拓展我们的视野。有多大眼界决定有多大作为，如果没有开阔的眼界，很显然我们就没有太大的作为。井底之蛙是不会有太大作为的。

另外，还有很重要的一点，这给了我们模仿、改进的机会。过去我们头脑中没有研究性学习这个概念，通过传播，我们知道了这个概念，并用它来弥补我们传统的传授式学习方式的不足。

但是，我们也要反思，在这个过程中有贴标签换概念的现象，也就是我们教育界的同行们都在不断地摆弄一个一个的新名词，摆弄一个一个的新概念，万人同语话教育。这个过程，可以说是一个潮起潮落的过程，它淹没了学校的个性，淹没了校长和教师的个性——很多校长原本是有教育思想的，很多教师原本是有原创的教育能力的。大浪淘沙，一股股风、一股股浪过来，不断地掀起一股股时髦的浪潮，淘尽了我们校长原本具有的思想，淘尽了我们教师原本具有的原创能力，这其实是非常值得我们注意的一个问题。也就是说，我们教育界的同行们患上了一个毛病——教育失语症，失去了话语能力，失去了自说自话的能力。我们的校长不会说自己的话，我们的老师不会说自己的话，我们说的都是专家的话，专家说的都是西方的话……这会不会进而影响我们民族呢？进而影响我们的下一代呢？我们的孩子很可能也不会说自己的话了。你想想，老师都不会说自己的话，你能期待孩子会说自己的话吗？从这个意义上说，如果孩子当中有人能说自己的话，那不是教师教出来的。教育的失语症会不会导致我们民族患上失语症呢？这值得深思与反省。

2003年，我带着老师们到朝鲜去了。从旅游的角度来讲，朝鲜的确很好玩，金刚山风景秀丽，大街小巷一片纸屑都没有，非常干净、非常清爽、非常漂亮。但是我们和朝鲜的校长谈话，和朝鲜的老师聊天，和朝鲜的营业员、导游、军人说话，我发现一个很有趣的现象，他们说的是同样的话，用同样一种话语方式，言必提两个人，一个是金日成，一个是金正日。从朝鲜我们去了韩国，从旅游的角度来讲，韩国除了济州岛可以看看以外，其大城市车水马龙，就跟上海一样。我们和韩国的校长、老师、营业员、老板及其他方方面面的人士沟通，他们各说各的话。两个国家，同一个民族，但话语方式不同，经济活力也不同。所以我想，民族的话语方式、创造力和活力，与其国家的发展潜力有着内在的联系。

话语能力实际上和一个民族的自主创新能力有着内在的关联度，这一点是忽视不得的，所以我们不能总是跟风说话，而要逐步走向自说自话，说自己的话，甚至打破西语霸权，逐渐建立自己的话语系统。坦率地说，这是不容易的，但是我们在不断地接受西方的先进理念、先进思想、先进模式的同时，千万不能忽略我们自身的东西。

关于这一问题，有两点值得我们注意。一是寻根。中华民族好比一棵参天大树，我们应该寻找树根，寻找民族文化之根。上海搞民族精神教育，但有些学校只是在贴标签。我们建平中学开设了一个课程——诸子百家。我们为什么开设诸子百家的课？诸子百家是中华文化思想之源，最早的思想家、哲学家、教育家、社会学家、军事家，都在诸子百家中。我觉得有一句话讲得很好：一个国家、一个民族乃至一个人，在发展的关键时期，在生死存亡的关键时期，都应自觉或不自觉地寻根。我们应该让我们的孩子，也让我们自身养成一种习惯，要寻找我们的树根。从哪里来，决定了我们向何处去。如果把一所学校比成一株小草的话，我们应该寻找草根，我们要寻找学校的文化之根。我们这所学校从哪里来？我们这所学校的光荣传统是什么？这个光荣传统就是我们的文化沉淀。

建平中学诞生于1944年。当时，建平中学的创办者们用自己的民族教材，不用汪伪政府的教材。所以，我们建平中学从创建之初就有一种强烈的民族意识。多少代建平人摸爬滚打，多少代建平人孜孜以求，沉淀下许多优秀的传统，这就是我们学校的文化之根。一任校长，两任校长，三任校长，四任校长……他们前赴后继，把接力棒一棒一棒往下传，每任校长都在自己任上做出了卓越的不可替代的贡献，每任教师都在自己的岗位上创造出卓越的成就。这些优秀的传统、优秀的经验，沉淀下来就是我们的学校文化。文化之根，我们不能忽略。

二是觅泉。什么是我们的泉水？现实生活是我们的泉水，所以我们要寻找现实生活之泉，寻找教育教学之泉、实践之泉，寻找师生生命之泉。

我们中小学教师跟大学教授、研究所的科研工作人员相比，优势在哪里？劣势在哪里？我们的劣势是没有他们那么宽广的理论视野，这是现实问题。但是，我们不可替代的地方在哪里？我们天天和孩子们在一起，这是我们的优势所在。假如我们把这点优势给丢掉了，我们就没有任何优势，校长想把学校办好那是根本不可能的。

我非常注重和强调这一点，从我开始，建平中学的所有行政干部都在一线任课，这是铁定的制度。原因在哪里？这是我们的优势所在，我们一旦放弃，就将一无所有。所以，我们千万不要忽略了眼下的学生、当下的教师队伍，以及学生家长，这些现实生活的点点滴滴就是我们的优势。我们走进校园，所有的老师、所有的学生都认为很正常，可如果是大学教授来到中小学里，可能就是非常态了。大学教授走进中小学无非两个目的，一是培训来了，二是搞研究来了，他们是中小学的无关因子。我们老师、校长走进学校，大家认为是正常的，因为我们是学校的有机因子。所以我说，要从这个意义上来发掘我们的长处。

第三个问题是全能制度。全能制度这个概念是我杜撰、发明的。什么意思呢？我们当下的基础教育有一种现象，即很多部门，上到中央教科所，下到学校，都热衷于谈论一个新的概念，叫作建立现代学校制度。这不是教育界的发明，其他行业上到省长、部长，下到工厂厂长、普通的技术人员，以及所谓的专家，都在热衷于讲这个概念。当一个社会问题久拖不决的时候，我们脑海当中常常会蹦出来一个问题，即原因是什么。这是机制问题，是体制问题，也是制度问题。从大领导到小老百姓，可能都是这个思维模式。我称这个为习惯，或者思维习惯。于是在教育领域里，就出现了一个我称之为解困的单方——如果把建立现代学校制度作为药方的话，它是解决我们教育界困境的一味药。建立现代学校制度可不可以，应不应该？当然是可以且应该的。建立现代学校制度完全是必要的，必要在哪里呢？第一，它有助于理顺外部关系。理顺谁和谁的关系？理顺学校和政府的关系，理顺学校和社会的关系，理顺学校和家长的关系，理顺责、权、利三者之间的关系。这是从对外的角度来讲。第二，从学校内部的角度来讲，建立了制度之后，有助于理清学校内部的关系，即校长和老师的关系，校长和学生的关系，教师和学生的关系，他们之间的责、权、利也便清清楚楚了。第三个好处是规范学校的各种流程，这些都是非常明显的优势所在。

但是，也有值得我们反思的地方。我们很急切，想把教育界的一些问题一股脑儿全解决，一个晚上把问题全部摆平。急切是什么？急切的背后就是浮躁。我们很单纯，单纯到可爱的程度，想借助建立现代学校制度把一切问题都解决掉。但是单纯的背后就是简单化，学校的问题是复杂的，我们很想毕其功于一役，把这么多年留存下来的问题一股脑儿解决，做得到吗？实话实说，是做不到的。制度总有不到的地方，无论你建立得多么全面，多么细致，多么完整。这是其一。其二，制度总有不能的地方。那么，制度不到的地方、不能的地方是什么在起作用？是文化在起作用。而且制度的背后，或者就制度本身而言，其执行靠什么呢？靠文化在起作用。

建平中学很早就想到了这个问题，我们的管理有三句话：民主决策，科学管理，人文关怀。在科学管理方面我们的探索从制度开始。1995 年我们就酝酿这件事情，至 1998 年，历时三年的时间，我们编写出版了《建平中学教育管理手册》，长达 20 万字。我们环顾左右，没有哪一所学校具有这样的手册。手册把方方面面的人物的责、权、利规定得非常系统、非常仔细、非常到位。第一版印了五千册，很快就被来自全国各地的参观者一抢而空，当时我们着实自豪了很长一段时间。但是，一年多的时间过去了，我们突然发现了这本长达 20 万字的管理手册的弊端：它是静态的。学校是什么？学校是一条流淌不息的河流。管理特别强调什么？程序、流程。这个时候我们老校长引进了 ISO 9001 质量管理体系，把企业化的东西引入建平中学。ISO 9001 质量管理体系的好处就在于它是动态化的，强调持续不断地改进，强调管理的程序、流程。流程正确了，结果就是正确的；流程错了，结果正确也是错的。走到这一步，我们认为已经非常满意了，但实际上我们仍然发现，虽然我们引进了 ISO 9001 质量管理体系，但在管理过程当中仍然有许多制度不到的地方。建平中学在人事管理方面有一个绝招，但是很多来参观的校长说："你们这一招很好，可我们没法使用。"原因在哪里呢？文化土壤不同。什么原因造成的？建平中学的教师队伍实行流动机制，优秀的教师走进来，不合格的教师走出去。很多来参观的校长听了这一机制后说："有道理，这样能保持学校的活力。有适度的压力才能有一定的活力，没有适度的压力学校就是一潭死水。所以从这个意义上来讲，你们这个很好，但是我们不能这样做。原因在哪里？我如果让老师离开学校，他会跟我没完没了。稍微好一点的带着一家老小到我家来吃饭——你不让我吃饭我就到你家吃饭；稍微强硬一点、蛮横一点的，扬言要对我的孩子下毒手。类似这样的事情都发生过。"我们建平中学没有这个问题。我从 1999 年开始担任常务副校长后便分管人事，从我手上走出去的建平教师大概也有二三十个人了，且走出之前都要和我谈一次话，但没有一个老师跟我大拍桌子，没有一个老师跟我红脸，没有一个老师跟我大吵一架。他们是不是非常情愿地离开？肯定是不情愿离开的。但建平学校有种文化氛围，有种文化土壤，那就是要保证我们的学生享受一流的教育，应该有一流的教师，你能满足我们当下的教育需求，满足当下学生的需求，你就留下，反之，就离开。所以制度仅仅是一个方面，是一个不可忽略的重要方面，但不能仅此而已。

基于对现实反思的第四个问题，我称之为外力制动，即外在的力量在牵制着学校的发展。外力制动这个概念也是我杜撰的。我们现在的教育行政管理部门对学校的考核、管理，常常有一个战无不胜的法宝，那就是评审和评选，通过评选给学校挂上一个什么称号，给学校一个什么牌，给学校定一个什么级别。这称号、牌子、级别背后是什么？是利益。实验性示范性高中，素质教育示范校，诸如此类的东西，评审的背后都是巨大的利益。评选和评审，我个人认为是必要的。站在学校这个主体角度来讲，评选、评审是一种外在的力量——来自教育行政部门的力量。借助外在的力量，能推动学校的课程改革，推动学校达标，推动学校发展。借助外在力量有好处。但是，也有值得反思的地方，就是循环外力。什么叫循环外力呢？就是不断地评审，没完没了地评选。比方说有些省市，高中阶段实验性示范性学校评审完了之后评什么？评星级学校，一星级学校，二星级学校，三星级学校，四星级学校，五星级学校；评级别，一级学校，二级学校，三级学校，四级学校。那么，星级学校评完了，级别学校评完了以后再评什么？评现代化学校，有些地方出现了所谓"现代学校"的评审。这样一种评审，我觉得是一种循环外力，最终导致什么结果呢？学校办学的主体依赖外力。也就是说，校长依赖教育局长，心思都在教育局长手上还有多少张牌，或者手上还有多少顶帽子——我们把这些级别、星级学校、称号都比作一只只帽子。帽子的背后隐藏着利益，如果利益大了我就上钩，如果利益小了，我就不要。太依赖外力，会抹杀内力。本来借助外力影响，激发学校内在的力量，是件好事，但现在学校变成了一种工具化的存在了。什么意思？学校成了完成教育局任务的工具，校长成了局长的工具。学校应该是什么？学校应该回归它的本体存在，作为一个文化主体，回到自主发展的状态。学校应该自主，自己设计自己的未来，自己规划自己的发展规划；学校应该自为，自己实施自己的发展规划；学校应该自律，自己约束自己。学校应该成为自主、自为、自律的文化主体。

我对评选和评审这样一种外力的方式不是简单地否定。我认为在初级阶段是必须的，对于不达标的学校是必须的，但是一旦学校已经正规化、规范化、科学化，就应该鼓励它自主去办学，应该让它自主、自为、自律地去办好一所学校。

基于以上四个方面，我们把战略的构想和着力点定位在现代学校文化建设。

二、如何构建学校文化

我们首先要把策略搞清楚，也就是学校发展和学校文化建设是一种什么样的关系。很多校长在谈论学校文化建设的经验时说，他们是把它作为学校工作的某一个方面来进行的——学校有德育工作、教学工作、后勤工作，还有一个学校文化工作。这样理解文化我觉得是走向文化的背面了，学校发展的方方面面都会面临文化建设问题。学校文化和学校发展的方方面面是内在联系的，是一种水乳交融的关系。可以说学校文化无处不在，无时不有，所以不能孤立地进行。

孤立地进行怎么来操作呢？往往是这样的：首先把学校的环境布置

好。有些民办学校的老板财大气粗，把学校装修得非常漂亮，认为这就是学校文化建设。有些学校搞了许多名人雕塑。名人雕塑要不要？当然要的。但这不是真正的文化，充其量只是文化的浅表层次。其次，搞吹吹弹弹、跑跑跳跳。这样理解文化建设我觉得有问题了，是为文化而文化，是孤立的文化观。

学校文化是学校成员关于教育的价值取向，关于教育的哲学思考，以及他们的言语方式、行为方式、思维方式，它是渗透在学校方方面面的。管理育人，教书育人，服务育人，说到底是文化育人。所以，我们的战略就是把二者紧紧地结合起来。那么，我们想构建一种什么样的文化呢？也就是说，建平中学追求的文化走向是什么呢？文化精神内涵是什么呢？我们想构建一种以人为本的，以学生发展为本的，以开放民主、和谐进取为精神内涵的现代学校文化。

什么叫开放？开放就是海纳百川，就是包容差异，就是多元选择，就是非封闭的、非歧视的人生态度。什么叫民主？民主就是合作共生的、对话协调的、非独断专行的价值取向。我们都知道，一所学校，如果最高领导者的能力很强，他的管理方式若是独断的，一方面可能给这所学校带来很多的利益，带来很大的发展空间，但是造成重大错误的常常也是他。一个人独断专行，可能会带来一些管理效率的提高，但他让这所学校走向发展的反面可能也是非常容易的。一个人犯错误的概率远远大于一个团队犯错误的概率。所以，我们倡导一种民主的氛围。

所谓和谐，有两个含义：一是人与人的和谐，叫人际友善；二是人与自然的和谐，叫天人和谐。所谓进取，就是追求卓越、崇尚一流的精神风貌。我的前任冯恩洪校长在建平中学树立了一个金苹果，金苹果的意义其实就是追求卓越。关于上海的城市精神，若干年前做了一个讨论，最后有人建议定格在两个字上面，即"上海"。"上海"为上，追求卓越；"上海"为海，海纳百川。这样定位上海城市精神，我觉得与建平中学的文化精神有不谋而合之处。

（一）确立学校培养目标

这些精神内核，我们怎么来实现呢？我觉得首要一点是确定学校的培养目标。学校是干什么的？我们回归原点考虑——我有个思维方式，就是原点思维，当一个问题我没办法想清楚的时候，当一个问题众说纷纭的时候，当一个问题大家有许多不同见解的时候，我的做法是回归原点——学校是培养人的。要培养什么样的人？培养目标是什么？我们所有的校长都知道，党和政府已经规定好了，要培养德智体美劳全面发展的有社会主义觉悟的建设者和接班人。对不对？当然是正确的，但是政府是站在高位的状态下来考虑问题的，换句话说政府所制定的培养目标具有普适性。何谓普适性？即普遍适合于所有类型的学校。换句话说，学校和学校之间是有差异的，我们在遵循政府所制定的培养目标的同时，还应该结合学校、学生自身的情况，来考虑培养目标。中学和大学不一样，小学和初中不一样，初中和高中不一样，职业高中和普通高中不一样，清华和北大不一样，这是明显的。所以我觉得，学校的个性化办学首先体现在学校的培养目标上。对于建平中学的培养目标，我们老校长冯恩洪提出来一个框架叫作"合格＋特长"——五育合格，学有所长。"合格＋特长"我们仍然继承，同时给它注入新的内涵。

学校教育所培养的人必须是面向未来的，未来社会对人才的基本需求我们必须把握准确。结合我们学校自身的情况，我提出了五个概念。

第一，自立精神。什么叫自立精神？会生存，会学习，在社会上站得住，要有独立见解，有自主意识，能自强不息。

第二，共生意识。联合国教科文组织所提出来的要学会与他人共事，其实是共生意识的一种表现。什么叫共生意识？就是和他人和谐相处，和集体和谐相处，和自然和谐相处，和社会和谐相处。我们需要这样的人。而且共生意识和自立精神恰好是一对相反相对的概念，将二者结合起来会形成一种张力。我们的培养目标需要一种张力。

第三，科学态度。科学态度要求什么？实事求是，有批判精神。我们国人缺乏的就是这两条。要想实事求是，就得按客观规律办事。批判精神是创新的前提条件，我们天天讲创新，但是创新来自哪里？来自否定，来自批判，没有批判、没有否定，哪儿来的创新？我们现在敢说创新但是不敢说批判，而批判精神是科学精神的一个重要的表征。我们建平中学大力倡导批判精神，尤其是在教学过程中。在课堂上，我们会有意识地培养学生的批判精神，他们可以说经过自己大脑独立思考的话语。

2006 年我带了一届学生，班上有一个学生的作文获得了上海市高中作文竞赛一等奖，那是篇现场作文，不是在家写好经过老师指导修改的。命题作文的题目叫"和谐"。如果让我来写，我可能会写：第一，什么是和谐；第二，和谐为什么重要，不和谐将带来什么恶果；第三，怎样做到和谐。但是这位同学不是这样写的。她一开头就以一个诗人的口吻，吟出一首诗歌。我在讲评这篇文章的时候现场采访这位同学："这首诗是你写的，还是你引用别人的？"她说："我自己写的。"我说："你就是文中那个诗人？"她非常肯定地点点头。这首诗色彩非常鲜明，我在讲评时说："像凡·高的油画一样，把一个个非常鲜明的色块往上涂抹，涂抹完了以后，第二段只有一句话——那是罂粟。"我一看到这里明白过来了，作者先以诗人的口吻描绘了罂粟外在色彩如此绚烂，如此美丽，但却被人们作为毒品在使用着，这两种特征居然奇妙地统一在一个物品上，你说到底是和谐还是不和谐？她在启发读者自己去思考，外在的美丽和人们作为毒品在使用这样一对矛盾居然统一在同一个物体上面，究竟是和谐还是不和谐？她进而提出这样一个问题：是先有人还是先有人的道德准则呢？这个问题假如不提的话大概是没有人考虑的，提出来以后我当然认为是先有人后有道德准则。你承认她这个前提，就必须承认她接下来的观点——那么所谓的道德是人后天的武断的一种定义罢了。从这个意义上来讲，这句话好像也是成立的，她进一步思考一个问题：人类的整个文明进程到底是和谐的，还是不和谐的？假如人类的文明进程是和谐的话，人的智慧在不断地开掘、发展，那么人的道德准则也应该不断地完善，人的肢体也应该不断地发展。但是，人类的文明发展进程是怎样一种现状呢？大家看到的是人的智慧在不断地发展，但人的肢体在退化，人的体能和野蛮人是无法抗争的，她说她甚至担忧下一个冰河纪到来的时候，人类是否还能生存下去。人的道德准则也没有必然发展，也是在退化。

这篇文章文辞不是很华丽，文笔也不是特别漂亮，但是它能取胜靠的是一种强烈的批判精神。作者提出整个人类社会的文明进程是不是和谐这个问题让大家思考，批判人类在文明发展进程中的错误行径和观念，有一定的思想深度。我们倡导一种批判精神，批判是创新的萌芽，是创新的开始。

第四，人文情怀。即关爱他人，理解他人，接纳他人，同情弱者，在别人需要的时候伸出援手给予帮助，对人类有终极关怀。这点很重要。科学发展到今天，我们对人类自身如果没有终极关怀的话，所创造的东西最后会危害我们自身的，今天很多事例也证明了这一点。科学态度与人文情怀也是两两相对的，能形成一种张力。

第五，领袖气质。我为什么提领袖气质？领袖气质这个概念和建平中学应该是相吻合的。建平中学的高考升学率非常高：100%的升学率，99%的本科率，90%以上的一本率，也就是所谓的重点大学率，50%左右的人会考入复旦、同济、北大、清华、人大、南大、浙大这些一流大学。换句话说，我们这些孩子走向社会、介入社会的层面是比较高的。从更深层面上来讲，我们社会需要团队精神。有人曾经讽刺中华文化，说它是麻将文化，要看住上家防下家，我胡不了你也别想胡。换句话说，中华文化缺乏团队精神。因此，必须构建团队精神，而构建团队精神的关键人物是谁？就是团队中的领袖。社会发展需要团队精神，现代科学发展到今天，靠一个人单打独斗的时代早已经过去了，很多事情需要团队来完成。而团队中最关键的因素就是团队的核心人物，即团队的领导者。

什么叫作领袖气质？我想，起码有三个含义：一是自我牺牲。我们当校长的，其实就是学校的领袖。你有大量的个人时间牺牲掉了，特别是和家人团聚的时间；你有大量的精力牺牲掉了，你几乎全身心地投入到学校的办学发展过程中。没有自我牺牲，就不可能有所成就。如果你什么都想要，很显然你不可能把学校办好。所以，当领导的第一个特质就是自我牺牲。二是责任意识。当领袖的，要有强烈的责任意识，要时刻提醒自己：这个团队就是我的，这个团队就是我应该全身心投入的，这个团队就是我要多负责的。三是组织协调管理能力。

领袖气质要从小学、中学开始培养，这不是一朝一夕就能完成的，要从基础教育开始着手。我们应该意识到这个问题，而且现在的孩子正是缺乏这样一种意识。从普遍情况来看，缺少这种意识是因为我们的学生基本都是独生子女。今天 50 岁左右的人，当时家里有三五个孩子很正常，七八个孩子也不少见，那个时候是英雄母亲的时代。家里的老大如果是男孩，天生就是领袖，弟弟妹妹受别人欺负了，就带着一帮小伙伴找人家算账去了。但今天不一样了，家里是六个大人关爱一个孩子，"超标"的关爱让孩子觉得这是正常的，很自然的，所以他从来没有想到自己应该给别人以关爱和责任。

当培养目标确定之后，我们应该从哪些方面入手呢？首先要问，什么东西支撑培养目标呢？我认为是课程，课程和课程文化直接支撑培养目标的实现。再问，什么东西支撑课程目标的实现呢？一支教师队伍。课程主体的素养问题取决于教师队伍的文化建设，即组织文化建设。三问，什么东西间接支撑培养目标的实现呢？环境文化。环境文化是课程场，这个场既包括物理的空间，也包括人际的空间。四问，什么东西把诸多因素整合起来成为一个可操作的流程？管理与管理文化。所以管理的改革和管理文化建设同样非常重要。我把管理称为课程实施的纽带，它也是把诸多因素整合起来的纽带。

关于文化的外延问题，教授和专家有多种说法。比方说，有些专家认为，我们的文化可以分成四个方面，分别是学生文化、教师文化、制度文化、环境文化。我不是这么认为的，我是一个校长，我是从工作角度考虑的，是从我的立足点考虑的。学校发展的方方面面都和文化建设水乳交融。

（二）课程重构与课程文化建设

课程改革如果不和文化建设整合在一起，没有文化再造的话，是深入不下去的。我在《中国教育报》上发表了一篇文章，叫"校长关注课改的价值思想"，其用意在于说明课程改革必须和文化结合起来才能深入进行。课程改革的目标是什么？一是把德育和教学统整起来，二是重构我们的学校课程。过去，德育是德育，教学是教学，现在我们要重构课程，把两者统整起来，因为德育和教学真的不好分开。过去我们把德育从教学中分出来，并且有分管副校长，有相关的处室，有部门负责人，有年级长，有班主任，诸如此类。我们把这些人独立出来负责德育，看上去好像重视了德育，但其实是把其他人都排除在德育之外。教育史上有两大名家，一个叫赫尔巴特，一个叫杜威。两人的许多观点是截然相反的，赫尔巴特是教学中心论、教师中心论、学校中心论，杜威是儿童中心论，两个人是针锋相对的。但是很有意思的是，赫尔巴特和杜威两人在德育与教学的统一上，观点惊人地一致。所以基于多方面的思考，我们把德育与教学统整起来，也就是把学校所有的德育活动，所有的学科教学，所有的课外活动、社区活动、体育活动、文艺活动，诸如此类，凡学校有计划、有系统、有组织的一系列活动，全部纳入课程这个框架之中，统一纳入课程管理范畴。我们构建一个以课程为中心的，以教师和学生为课程主体的，以活动为载体的，以学分制评价为纽带的（学分制评价很重要，它把方方面面的活动全部用学分整合起来），以开放性、选择性、综合性为课程文化特征的，适合于学生发展的课程系统。

为什么要构建这个课程系统呢？我们教育目的指向哪里？这一次的课程改革从全国范围来讲是第八次课程改革，它有一个非常重要的取向，就是真正放开了课程设置的权限，学校有课程编制的自主权了，这和过去的课程改革有明显的不同。从某种意义上说，这是解放学校。英国哲学家、教育学家怀特海，写了一本书叫作"教育的目的"，他在书中提到一个观点：每一所学校都应该有自己的课程。

我刚才讲了，学校的个性化办学首先体现在培养目标上，此外还体现在学校有自己的课程。自己的课程对应于自己的目标，为自己的目标服务，这才叫个性化办学。基于此，我们建平中学构建了八大领域的学校课程。

八大领域的课程，全面服务于我们的培养目标，但主观上有所侧重。第一个领域是心理健康和主体发展学习领域，侧重于自立精神的培养。第二个领域是艺术审美和休闲健身学习领域，也是侧重于自立精神的培养。休闲其实很重要，孩子们在休闲当中的一些表现，直接反映出这个孩子的成长程度。爱因斯坦说："人的差别在于业余时间。"我们的学生恰恰没有业余时间，所以不会休闲。说白了我们成人也不会休闲。第三个领域是人和自然、人和社会学习领域，侧重于共生意识的培养。第四个领域是科学知识和科学技能学习领域，侧重于科学态度的培养。第五个领域是中华文化和民族思想学习领域，侧重于人文情怀的培养，重在培养民族精神。第六个领域是西方文化和国际交流学习领域，侧重于人文情怀的培养，重在培养孩子的世界眼光。第七个领域是社会实践和社团活动学习领域，侧重于领袖气质培养。最后一个领域就是活动评比和学科竞赛学习领域，侧重于兴趣特长的培养。

每个领域下面都有相关的科目，也就是学科，学科下面有相关的模块，模块是最微观的。我们把课程框架体系搭好之后，重点在建设一个个具体的模块课程。为什么用模块概念？首先，这是新课程改革所倡导的一个概念，即课程结构的概念。其次，模块概念非常自由，非常灵活，它可大可小可长可短，可以自由组合。建平中学课程系统有一百多个模块。

课程改革其实有很多具体做法，条条道路通罗马，你可以这样做，也可以那样做，你可以采取这种模式，也可以采取那种模式。但是，你采取这种模式或者采取那种模式，背后是什么？支撑你这样做的是什么？这个一定要搞清楚。你这样做所显现出来的课程文化的特征是什么？你也一定要搞清楚。否则，你的课程改革就是鹦鹉学舌，限于浅表层次了。

除了让孩子快乐、健康、幸福成长这样一种抽象的教育思想之外，我们的课程文化有三个明显特性：第一，开放；第二，选择；第三，综合。

何为开放？我们建平中学的开放可以说是全方位的开放：我们的课程体系是全方位的开放，吸纳了方方面面的教材，且其内容也是开放的。我们的课程主体也是开放的，教师队伍实行流动机制；另外我们不但对中学优秀教师开放，而且面向大学，对高校的优秀教授、一流教授也是开放的。建平中学身处上海，上海这个超大城市带来的好处是教育资源非常丰富，换句话说，教师主体这个资源是很多的，其中大学教授就是一个很重要的方面。因为建平中学每年考取复旦大学的人数很多，复旦大学招办派出教授提前介入对建平学生的培养，一流教授不时到建平中学给孩子们作讲座。一流的大学教授和中学的教师差异是非常明显的，他们视野的开阔度远远超过我们中学老师，而且对复杂的科学问题，即一些难度很大的问题，他们往往是举重若轻，我们中学老师却常常把问题复杂化，举轻若重。复旦大学招办为我们建平学生设计了一个很精美的小册子，第一讲化学系主任，第二讲美国研究所所长，第三讲哲学系主任，第四讲物理系博导，把他们的照片、名言、头衔、著作等统统罗列下来。什么叫成功的教育？成功的教育就是给孩子一个梦。一流的大学教授来讲课，一方面是开阔孩子们的知识视野，更重要的是给孩子一个梦，激发孩子投身于某些学科，让他们在某些领域确立一种人生理想、人生之梦。

大学教授给孩子们讲的东西可以说是全方位的，不但涉及学科知识，而且涉及人生成长问题。比如我们邀请了复旦大学生命科学院院长金力教授到建平中学来讲学，他才三十多岁，便获得了美国大学终身教授的职衔。我们都知道，现在很多人大学本科毕业以后就到美国去读书，然后再争取获得美国大学的终身教授职衔。在复旦大学百万年薪招聘生命科学院院长之时他来应聘了，最后竞选上了。选定他以后，复旦大学准备给他百万年薪，我们这位年轻的院长说了这样一句话："我现在的时间只能一半在复旦，一半在美国，我不能拿百万年薪，我最多只能拿五十万年薪。"这样一种境界绝对是学生们的榜样。在复旦大学工作了一段时间以后，他发现半年时间远远不够，所以干脆辞去了美国大学的终身教授职衔，举家回到上海，全身心地投入复旦大学生命科学的建设。我觉得这种精神境界真的很了不起。三十多岁的人有这样高的境界，以祖国科学事业发展为重，而不以个人利益为重。所以，从这个意义上讲，他的事迹对孩子们精神世界的影响是非常明显的，也是非常重要的。

上海交大的招办主任也派出他们学校的一流教授来建平中学演讲、作报告；后来我们还邀请了上海音乐学院、上海社科院、上海作协、上海文联的一些专家来建平作报告。比方说，我们邀请了上海音乐学院的陈刚教授，他是《梁祝小提琴协奏曲》的作曲者。他讲音乐不是简单地讲音乐，而是讲音乐和人生。他从小时候开始说起，讲到解放前的情况，讲他是怎样对音乐产生兴趣的，讲他在历次政治运动中的一些感悟和体会，讲他人生遭遇挫折和困难时对艺术的不渝追求。他的话语方式很有意思，娓娓而谈，讲得非常动情，非常传神，让我们一些年轻的女教师、女学生流下了眼泪。

我们还邀请了余秋雨教授，邀请了著名作家赵长天、王安忆。王安忆小说写了不少，她对于小说也很有见解。在给我们学生作讲座的过程中，她穿插了很多人生感悟，既有小说鉴赏，也有人生教育，给学生带来很有意义的启迪。王安忆对人生的感悟，对文学的理解，对经典作品的体会和分析，都是我们很多老师所不及的。

这都是开放的课程资源。所以，我们的课程主体是开放的。

我们的课程空间也是开放的。建平校园是我们教育的场所，是我们学生学习的空间，但是除了建平学校这个范围，其他地方也是我们的课程空间。比方说我们的社区、医院、敬老院，都留下了很多学生的足迹。

我们还有很有意思的选修课，活动种类也很多。

我们有一项活动是长江行，包一艘轮船从上海出发，沿着长江逆流而上。300多名师生上选修课，愿意去的去，不愿意去的不去。在轮船上，没有风景的时候，地理老师、历史老师讲长江的地理、历史，讲长江的风土人情，语文老师则讲唐诗宋词。到了风景点看风景，找一找李白、杜甫当年的感觉。我们最远到了重庆。渣滓洞是必去的。重庆旁边还有一个县叫奉节县，奉节县有个非常重要的、美丽的自然景观，叫天坑地缝，我们就带着老师和学生去看。看了景观以后，我们去访问当地的学校，与当地的师生进行座谈，老师和老师座谈，学生和学生座谈。老师之间的座谈有一个永恒的、非说不可的、不吐不快的话题，那就是每月收入多少。当我们的老师知道对方的收入几乎是自己收入的零头的时候，他们震撼了：同是人民教师，同为祖国培养下一代，人家在什么样的环境之下，我们在什么样的环境之下，人家拿什么样的待遇，我们拿什么样待遇。两相对比，没有人发动，老师们纷纷慷慨解囊捐给当地的老师。我们的学生和当地学生座谈时，兴趣也极高。当地的学生讲述他们上学的经历，早上有的要4点钟起床，翻山越岭跑到学校来上学，一天只吃两顿饭，一共只花2毛钱——这2毛钱不是菜钱，而是交给学校的蒸饭钱。我们的学生看到当地学生吃饭的场景也很震撼。在上海这个特大型城市生活的孩子没有见过乡下人怎么吃饭，没有见过农村孩子怎么吃饭，他们看见当地孩子就着咸菜、辣椒吃得津津有味，把碗里的饭吃得颗粒不剩。建平的孩子看了以后被感动了，纷纷把自己的零花钱掏出来捐给当地的孩子。跟我们一起去的香港黄大仙区的校长和老师一行20多人，也纷纷掏出港币捐给当地的学校。

建平的孩子回到学校以后兴犹未尽，把他们拍摄的录像、照片，在我们建平集团学校巡回展播。我们集团四所学校，充分发动家长、学生、老师，最后筹集人民币50万元，在当地援建了一所小学，改名为建平希望小学。当建平希望小学正式挂牌的时候，我们组织另外一些老师和孩子们去了。一下船，当地的老百姓、家长、学生、老师，有的是自发的，有的是组织的，夹道欢迎我们，拉着我们的手说："上海人真好，建平人真好。"表面上看，这件事情体现了建平人很有爱心，但是我更看重的是在这个过程当中，我们老师、学生的道德情感有了升华。德育需要道德知识的灌输，更需要道德情境的创设。道德情境的创设从某种意义上可能不亚于知识的灌输。在情境当中，孩子们能够获得一种道德体验，他们的道德情感能够获得一种升华。后来，我们把重庆奉节的建平希望小学作为建平学生干部的培养基地，让他们到那里义务助教。为什么这么做？这些城市里的孩子在知识结构上有一个很重要的偏差，以为中国就是上海。这样理解中国的国情显然是大错特错的。建平中学的学生干部在成长的关键时期对于中国国情的理解有偏差的话，假如以后成了国家的领导人或者某些部门的负责人，他们作出决策时会犯错误的。所以，我们应该给他们补上国情这一课，让他们了解农民，了解农村，了解中国。

后来我们花旅费把建平希望小学的部分孩子请到建平中学来。他们到了上海以后，我们召集建平学生中的志愿者，把这些弟弟妹妹领到家里去，培养建平孩子的责任意识。把弟弟妹妹带回去很容易，可带好就不容易了，他们从来没带过弟弟妹妹。这项活动结束的时候，我们的孩子说："从重庆奉节建平希望小学的弟弟妹妹身上，我读懂了什么叫纯朴，什么叫善良，什么叫厚道。"听到这句话，我非常感动，我们这项工作没白做，它已经在孩子们的心田当中撒下了情感的种子，让他们拥有责任意识。这就是我们的初衷，这就是我们的目的所在。

我们还有西部行选修课，即包了一辆列车，600多名师生浩浩荡荡从上海出发，沿着丝绸之路一路走下去。第一站到西安，兵马俑、大雁塔、华清池、古城墙，到了西安不用说孩子们就感受到了厚重的中华文化。我们讲民族精神教育是很重要的，民族精神教育的载体是多种多样的。一进西安，大家就自然而然地知道什么叫做厚重的汉唐文化。

我们接下来到嘉峪关，到敦煌，到鸣沙山，到月牙泉，到吐鲁番，到天山，到天池，到乌鲁木齐，一路走去。大家可以想想看，在大漠讲边塞诗和在课堂里讲边塞诗那是两个概念。什么叫做"西出阳关无故人"，到了阳关，孩子们就立刻领略到诗歌的意境；到了玉门关，孩子们就立刻领悟到什么叫做"春风不度玉门关"。

坦率地讲，组织这种活动其实是有一定风险的，但我们提倡"读万卷书，行万里路"。我们不仅倡导孩子们读文化名著，更要求他们走路，以求获得更多的体验。我作为一校之长，在决策过程中其实承担了巨大的精神压力，生怕在活动过程中有什么闪失，但是在路上孩子们跟我讲："程校长，这趟西部之行我终生难忘。"听到这句话，我感动得都要掉泪了，孩子们理解我的那份苦心和用意。换句话说，孩子是需要放养的。"养"这个词好像用得不是很准确或者很贴切，但我一直想不出可以替换的词。把孩子们关在学校里好比是圈养，圈养出规范；可孩子们还需要放养，在广阔天地中他们能够出个性、出能力、出团队精神，他们的素质能够得到全方位提高。西部行一路走来，对孩子之间情感的融洽，对团队精神的建设，都有许多好处。只要是对孩子成长有利的，我们就毫不犹豫地去做。这便是我们课堂空间的开放性。

我们的课程资源也是全方位的、开放的。除了讲教材之外，我们还有很多方面的有益尝试。比方说讲到鲁迅的时候，他是个大家，需要重点研读，我们就会选择钱理群先生编写的《鲁迅读本》。他是北大中文系著名教授，退休之后到南京师范大学附中开设了一门课程叫"鲁迅选读"，而且留下一本教材——《鲁迅读本》。我觉得这本教材很有意思，是当前最适合中学生阅读的一本鲁迅读本。我们把它拿过来作为我们的教材。

我们的数学老师虞涛开设的一门课程很有意思，叫"情境数学"。他把上海市所有标志性景观，如上海东方明珠、上海金贸大厦、上海大剧院、上海博物馆、上海展览中心、上海音乐厅，或者重大的文化活动，如上海大师赛、上海电影节、汽车赛等的相关数据都拿过来，然后把它们编到数学应用题中。数学老师们耳熟能详的一句话叫做"数学是开发学生思维训练的一个体操"，而虞涛老师的"情境数学"，既是训练孩子们思维的体操，也是打开社会之窗的一把钥匙——数学和社会生活紧密地联系起来了。

我们年轻的政治老师上了一堂课，叫做"如何提高企业效益"。对于这堂课的教学，他动足了脑筋，事先带着五六个同学扛着一台摄像机到建平中学对面的上菱冰箱厂，采访其门卫、工人、经理和营销人员。一上课，就把他们采访的 5 分钟左右的录像剪辑后播放给全班同学看，然后打开海尔的网站，让孩子们看看海尔是如何提高企业效益的。上菱冰箱厂在 20 世纪 80 年代的时候是凭票供应，一票难求，当时的生意绝不亚于海尔，但是今天却挂出了"厂房招租"的横幅，已经落到靠出租厂房为生的地步了。两相对比，一正一反，便很清楚到底该如何提高企业效益了。

我们有一个年轻的数学老师，他上课也是开放的。他上了一堂数学建模课，研究红绿灯的问题。事先带着五六个孩子在建平中学旁边——建平中学坐落于上海市浦东新区崮山路和张扬路之间，南北走向是支干道崮山路，东西走向是主干道张扬路——蹲了一天。看什么？看红绿灯，数来往的车辆和行人。第二天上公开课时，他就要解决这个红绿灯的问题。他把上海市浦东新区交警支队的队长请来了，把上海市教研室的一位数学特级教师也请来了。交警队长听完课以后说："我当交警六七年了，今天才真正懂得红绿灯原来还有这么多的数学道理。"那位数学特级教师说："这是 21 世纪数学改革的方向。"

这就是全方位开放的意识：课程主体是开放的，课程资源是开放的，课程内容是开放的，课程空间是开放的，评价标准也是开放的。这是我们的课程文化的一个特性。

第二个特性是选择。选择是基于开放形成的，正因为有了开放，所以才有选择。比方说我们建平中学的语文教学，同时使用两套教材——人教版的教材和上海版的实验教材。两套教材全部发给老师和学生，结果遇到了一个问题。

一位语文老师说："语文老师当校长真好，语文的春天来了，你给我们两套教材，潜台词很清楚，是说我们语文老师的课时量要增加一倍。"我说："错了，一节课都不增加，没有课时给你增加，你上什么和不上什么，要充分发挥课程主体作用。"老师和学生作为课程主体有选择权，要选择哪些该上和哪些不该上，这是应有的权利和应负的责任。这样一来，我们的老师和学生就能够充分发挥他们的主体积极性。我以自己为例，上海版的教材某一单元有七篇课文，我先让孩子们通读，然后让孩子们选择，最后他们选择了三篇课文。第一篇是毛泽东的《沁园春·长沙》，我问为什么选择这篇，他们说："《沁园春·长沙》洋溢着一种澎湃的激情，有一种领袖气质。'问苍茫大地，谁主沉浮'，其潜台词很清楚，当然是我主沉浮，革命领导人来主沉浮。我们建平中学的培养目标之一不就是领袖气质吗？"我说："好，我们重点来研究它。"第二篇是诺贝尔文学奖获得者黑塞的散文《笛梦》。"为什么选择《笛梦》？"我问他们。学生说："《笛梦》这篇散文我们读来读去似懂非懂，似乎懂得了一点，但似乎又有好多东西没懂，我们很想搞懂。"我说："好啊，这是教育教学的最佳契机。"第三篇是作家史铁生的散文《合欢树》。我问孩子们为什么这样选择，他们说："《合欢树》表现了母子之间那种特殊的情感，表现了作者对人类本质特性的一种追问，一种深刻的思考。"我说："对的。可是同样一个主题，同样表达这个意思，作者还有一篇散文写得更好。"孩子们瞪大眼睛等待我的答案，我说："《我与地坛》。"我把《我与地坛》完完整整地复印给孩子们当教材。今天的课程改革讲得非常清楚，我们老师和学生是课程主体，但前提是我们老师有自己独到的眼光，能科学准确地去判断、去筛选，能引领、指导我们的孩子。这就是选择的意义。

我们的课程内容可以选择，我们的学习方式可以选择，我们的教材可以选择，我们的教师也可以选择——学生可以选择老师，可以选择不同层次。我们基础性的必修课采用分层次教学，数学和英语分三个层次，物理和化学分两个层次。在分层次教学过程中，老师和学生常会发生矛盾：老师非让学生选择 A 层次，而学生非要选择 B 层次，因为 A 层次适合于基础相对薄弱的学生，有些孩子因为爱面子，不愿意去选择，但我们的老师也非常较真，于是两方面争论不休，最后常常会吵到我这里来。我说了三句话规定他们之间的关系："学生自主选择，家长参与选择，老师指导选择，三方面都要到位，但三方面都不能越位。什么意思？老师要指导到位，家长可以参与选择，但是最后的决定权在学生手里。"老师常常不明白为什么要这样。让学生自主选择，很显然就是要让学生在使用自己权利的过程中，同时承担自己的相关责任。我对老师们说："假如你不让他选择，假如你不同意他的选择，我们的孩子就没有责任了，因为是你替他选择的，他就觉得，不管自己学得好还是不好，都是老师的原因，并说'你叫我选择的，我不想选择这个，责任在你这里'。但是如果你赋予他权利，他在享有权利的同时也便有了责任。"期中考试一结束，就有孩子提出来了："老师，我选错了，我要求重新选择。"为什么？因为他在那个班里听不明白、跟不上，自然要求重新选择。这时候老师会犯一个小小的情绪上的错误，跟孩子较真。老师的心理活动是这样的：当初叫你选 A 层次（最低层次）你不同意，这时候就是不让你改。于是就会说："学校有规定，每个学期只能换一次，到期末考试结束了才能换，现在不让你换。"官司又打到我这里来，我跟老师讲："什么叫学习？从某种意义上讲，学习就是试误，就是尝试错误，学生在不断地尝试错误的过程当中才能真正成长。"犯错误，然后改正错误，这就是孩子成长的轨迹。要允许他犯错误，同样也要允许他改正错误，如此而已。

不要说我们的孩子会犯选择性的错误，老师也会犯。有一位年龄偏大的数学老师跑到我这里来说："程校长，你知道我的敬业精神，你知道我的工作态度，我离退休没几年了，我要在我有限的教育生涯当中认认真真地站好最后一班岗，培养出好学生给建平争光。"言词非常恳切。面对这样的老教师，我实在没话可说，于是安排他上 C 层次的教学班，这是程度最高的班。结果上了一段时间以后，他又跑到我这里来了，说："程校长，对不起，我做了一个错误的选择，我以为好班最好教，现在我发现错了，其实越是优秀的学生越难教。"原因在哪里呢？他说："我花了三四个小时备了一堂课，结果课上了不到 15 分钟这帮孩子全都会了，接下来讲什么不知道了。有孩子拿着难题跑来问我，我一看就知道这道题我做不出来，就告诉他："对不起，我下面还有课，明天告诉你。"一次可以，两次可以，三次可以，再往后，孩子们疑惑地看着我："你到底会不会解题？"程校长，对不起，我要求重新选择。"老教师很有耐心，后来就让他去教 A 层次的学生，即程度不好的学生。老教师带基础不好的孩子就像带自己的孙子、孙女一样，很有耐心。能够把程度差的孩子教好了，也是一种本事，也是一种贡献，也是一项了不起的成绩。我们鼓励老师人尽其才，各施所长。所以在选择的过程中，无论是孩子还是老师，需各扬其长。

对于基础性的必修课的不同层次、拓展性的选修课科目、研究性课程的课题、活动课程的社团，学生都可以自主选择，甚至对于考试，学生也可以选择不参加，比如对于某次期中考试可以申请免考。为什么这样做？因为一些成绩特别好的学生可以不用考试。我们的期中考试、期末考试要求均分（百分制）在 70 分，70 分上下是正常的，如果上下幅度特别大，那么这张试卷是不合格的。换句话说，均分 70 分的试卷对一些特优学生来讲，几乎没有意义，他们可以申请免考。甚至有些课他们都可以申请免修。原因在哪里？他们在课堂上很尴尬。因为老师讲课是针对大多数同学的，不可能针对特优学生。所以对于这些孩子，我们网开一面，他们可以到教师资料室去，可以到复旦大学图书馆、实验室去，我们帮忙联系，给他们一点自主的权利。我们实行分层次教学，考试的试卷也分 ABC 三个层次，学生可以选择越级考试。比如在 A 层次学习的学生可以选 A 层次的试卷，也可以挑战自我，选择 B 层次的试卷；同样，在 B 层次学习的学生，可以挑战自我选择 C 层次的试卷。权利在学生手中。期中考试语数外必考（除了申请免考的），物理、化学考试学生自己申请，或申请加试物理，或申请加试化学，或申请两门都加试。给孩子一点权利，孩子的责任心就强了，孩子成长得就更快，更成熟。

第三个特性是综合性。我们的课程改革，我们的教学，我们的活动，都体现了综合性，就是德育和教学的综合，德智体美劳诸因素的综合。

比如我们的国庆晚会就很有意义，从活动主题的产生开始便强调教育性，活动主题征集于学生当中，由学生来确定。"教育活动要有教育性。"我们老校长冯恩洪经常讲这句话。孩子们创设主题的过程就是对他们自己的开发，就是对他们自我能力的一种锻炼和培养。比如有一年孩子们确定了三个 W 主题，三个 W 是三个英文单词的首字母：第一个指 We（我们），第二个指 World（世界），第三个指 Wonderful（精彩）——世界因我们而精彩。多么豪迈的主题！坦率地讲，我们的老师可能没有这样的创意。还有一年的主题是"这里盛产金苹果"。这个主题很有意思，金苹果雕塑是建平中学的标志性雕塑，它象征着建平人崇尚一流、追求卓越的品行和情怀。建平校庆恰逢国庆，在建平校园里有许多感人的金苹果的故事，有许多追求卓越、崇尚一流的可歌可泣的故事。这个主题很有创意，它也来自学生。

我们的晚会一般是从师生的大型主题文艺汇演开始的。汇演中，能歌的且歌，善舞的跳舞，能歌善舞的既歌又舞，并且老师始终参与其中。"用童心拥抱校园"——老校长冯恩洪经常讲这句话。老师应该有一种孩子的心态，和孩子们一起玩耍，孩子们会很开心的。每当老师表演的时候，孩子们在下面掌声雷动，气氛非常好。有些老师既不会唱歌也不会跳舞，那就准备时装表演。有些年纪大的男老师，为了晚会上短短几分钟的表演，向老伴申请专项经费购买时尚服装或者西服，利用课余时间对着形体房的镜子练习。时装表演的步子真的不好走，他们自己走还不放心，请来音乐老师、美术老师、体育老师帮忙把关。当我们的老师走到台上的时候，他们所任教班级的学生马上就起哄："××老师我爱你，就像老鼠爱大米。"师生都很开心，整个场面气氛非常热烈，师生的情感交融非常密切。

浦东新区社会发展局局长是团委书记出身，我们请他来参加活动，开始他说："我时间很紧，有很多事情，最多一个小时我就走了。"最后一直到晚会结束他才走，他说："我组织、参与的学生活动不知道有多少次了，像你们建平中学这么热闹的，气氛这么好的，很少有。"

晚会结束时已经是零点，我们举行了升旗仪式。在这个时候升旗，孩子们的体验和平时是不一样的。然后进行了爱心基金的义拍活动。孩子们事先从老师、同学、家长那里，搜罗了许多小工艺品、小电器等，放在一起进行义拍，拍卖所得全部捐给爱心基金。拍卖活动结束以后，已经半夜三更了，孩子们肚子也饿了，怎么办？美食一条街。每个班级推出一种食品，有卖豆腐脑的，有卖寿司的，有卖烧饼的，有卖小馄饨的，有卖小汤圆的，非常热闹。我们的外教、外籍学生品尝之后特别开心，说从来没有见过这样的活动和场面。每个班的饮食都是经过卫生检查的，最后的利润也要上交给爱心基金会，数字还要通报，比如高一（3）班800元，高一（4）班900元，这时4班的学生就格外骄傲自豪。所以，他们在事先的采购环节中要精打细算，要精心加工以合乎卫生标准，最后还要把这些食品推销出去，很不容易。每当这时候，我们老师和学生是最开心的。在活动过程中，孩子们收获很多，这既是知识的学习，也是能力的提高，既是道德的培养，也是其他素质的培养，是多方面、全方位的。

我们这样的课程改革，其标志性的外显形式是什么？

第一个标志是每个学生人手一张课程表。每个学生的课表不同，因为我们实行分层次教学，选择性很强。所以，建平中学的课程表是非常难排的。每个学生一张课表，体现了我们学校为学生所做的个性化的课程服务。

第二个标志是每个学生都有一位导师。这样设计就是为了让学生和老师都获得相关的体验和收获。从学生的角度来讲，有老师指导他的生活，指导他的精神成长，指导他的专业选择、志愿填报等；从老师的角度来讲，我想让更多的老师——班主任以外的老师，跟学生进行情感交融。

第三个标志是每个学生至少要加入一个社团。我们的培养目标之一就是领袖气质，而社团是培养领袖气质的一个重要载体。建平中学原来有11个社团，现在有53个社团。我们的要求很明确：只要树起一杆旗帜，响应者有七八个人，我们就承认它；只要活动的规范、内容、空间、时间清清楚楚的，我们就给予相应的活动经费。我们非常注重在活动中培养学生的综合能力和素质。

第四个标志是每个学生至少参加一次学校管理。建平中学是最早设立学生校长助理的学校之一，这的确有好处，但是代表性有限。后来我们进行了改革，每周有一个班级负责管理学校，他们要做两件事情：第一是日常管理，早上在校门口迎接师生进校门，管理和检查升旗仪式、课间操、眼保健操、中午用餐等；第二是发现学校的一些重要问题，做一个主题性的研究。

学生在管理过程中发现了很多问题，例如有个值周班级研究住宿学生的洗澡问题，发现学校的浴室不能满足学生的需求。他们先调查了解春夏秋冬同学们一个礼拜各洗多少次澡，每次洗澡大概需要多少时间，然后进行对照，发现我们学校的浴室很显然是不够的。学生在行政会上提出问题后，我们立刻责成相关部门限时解决。

再如，建平中学有个金苹果超市，是招标进来的。可是老板为了追求利润，使商品价格不断波动，老师来了一个价，学生来了一个价，高年级学生来了一个价，低年级学生来了一个价，外国学生来了一个价，本国学生来了一个价，结果被一个细心的孩子发现了。他做了一个节目叫"建平焦点访谈"，不但采访学生、老师，也采访老板，让其解释原因，还请政治老师解释这是不是垄断带来的问题，因为学校只有这一家超市，甚至他还通过电话采访了物价局。对新闻素材进行整理加工后，他写了自己的点评。这位同学对新闻事业很感兴趣，最后考取了中国传媒大学。我们了解情况以后，立刻请相关责任部门解决。这个"建平焦点访谈"是一个扬家丑的节目，我们在全校同学面前播出。

目的在哪里？就是为了唤起更多孩子的责任意识，唤起更多孩子管理学校的强烈愿望——我们都是学校的主人，我们都有责任，也都有义务负责学校的管理工作。现在，学生每次值周都做一个专题研究。老师、学生都受这些值周学生的管理，值周班的班长、团支书参加我们的行政会，行政会的第一个项目就是听他们汇报一周的工作。

最后一个标志是每个学生拥有一本动态的成长记录手册。这是属于他们自己的，他们的成长经历、成长体验、成长标志等，都记录于其中，从而实现个性化的评价。

（三）校本培训和组织文化建设

课程要实现它的目标，关键靠什么？关键靠一支特别优秀的教师队伍。而一支优秀的教师队伍是需要学校进行培训才能够产生出来的。这是组织文化建设的重要任务。所以，我们把校本培训和组织文化建设结合起来考虑。我们的目标是什么？统整教育科研、课程改革、师资培训。这是传统意义上的三驾马车，我们把它们整合在一起，也就是用三匹马来驾一辆车，构建以学校为基地（教师的成长不能离开学校，教师的发展不能离开教学，教师的培训不能离开课堂，一旦离开，教师成长就成为空中楼阁了），以问题为中心（教师培训必须解决问题，老师是在解决一个一个具体问题的过程中成长、提高的），以课程改革为舞台（课程改革是老师展露身手的舞台，课程改革是我们提升教师品位的一个舞台），以共同性和进取性为组织文化内涵（共同性和进取性是我们的教师队伍的共同文化特征），以教师发展为目的的校本培训系统。我们构建这样一个系统，其目的在哪里？我们的宗旨是什么？旨在推动课程改革，提升教研水平，促进教师发展，培育特色学科。

一所学校有名，一方面是校长有名，但只是校长有名还远远不够，另一方面要教师队伍有名。而一支教师队伍有名，有很多标志性的特点，如学科教育有名，老师个人有名等。我们期望打造的是这样一个理想的教师团队。悉尼大学的校长曾经讲过："大学的发展是基于浪漫的理想。"我们中学的发展也是基于浪漫的理想。那教师的发展、学校的发展基于什么？基于校长和校长所带领的这支团队有许多浪漫的理想。那么我们的浪漫理想是什么呢？我们对教师的期望是什么呢？

第一，要有开阔的眼界。有多么开阔的眼界，决定教师有多大的作为。所以，建平中学为打造一支理想的队伍，倾注了很多人力物力财力。我们所有的外语老师都到国外进修至少三个月的时间，我们所有学科的教师都到德国、法国、意大利、瑞士等国家考察过学校。我们用三年时间把所有老师带出去走了一圈，去看一下、感受一下西方灿烂的文化。要培养具有民族精神、世界眼光的现代人，我们的老师就必须先有世界的眼光。如果老师没有世界眼光的话，怎么来培养孩子们的世界眼光？所以，我们让老师出去，让老师开阔自己的视野。很多老师回来以后讲了他们的共同感受：灿烂的西方文化，给了他们一种强烈的震撼。我们和美国纽约威彻斯特郡的政府建立了伙伴关系，我们非英语学科的老师到该郡优秀的学校学习三个月，去全面感知、全面体会、全面了解西方先进的东西。听报告是一回事，深入其中又是一回事。上海的教育、建平的教育，从某种意义上来讲，有许多优势是他们所不具备的，但西方的学校也有许多我们所不具备的长处。我们和德国汉堡的学校也建立了这样一种关系，我们的老师到那里学习三个月，去感受一下他们的学校教育文化，一方面坚定自己的信心，另一方面汲取别人的长处。

第二，要有独立的见识。我有个观点，一个老师，只要他智商基本正常，态度基本端正，大学本科毕业从教六年之后，基本上可以成为一个业务较为熟练的教师。但是六年之后的成长至关重要，我们不少中年教师六年之后没有发展，原因在哪里？他们只有量的增加，不断地重复，不断增加一点新的题目、新的内容，如此而已。他在思想观念上，在教育的价值取向上，在思想见识上没有发展，所以培育独立的思想见识是教师发展至关重要的一点。

第三，要有宽广的胸怀，自由的心态。我觉得教师的培养很重要的一点是气质的培养，胸怀要开阔，换句话说要有一种现代人的气质，开阔包容，不能斤斤计较。所以我们倡导的是大气，具有宽广的胸怀、自由的心态。建平中学对外一切都不保密，我们是全方位开放的，每年接待许许多多来自全国各地的校长在我们这里挂职，他想听什么课就听什么课，想看什么资料就看什么，他想采访谁就采访谁。我经常跟老师们讲一句话："建平中学不是普通意义上的办学，我们是在微观领域里实践并推进中国基础教育的现代化。"因为我们承担着这种责任，所以必须有宽广的胸怀，要大气，不能小家子气。

我用几句话概括理想的教师气质：

人不能识之，我则识之，这是一种见识。别人没有看到，别人没有想到，别人没有见识到，我则见识到。

人不敢言之，我则言之，这是一种胆略。别人虽然看到了，虽然想到了，但不敢说出来，我则说出来。这是一种气魄。中国教育的发展需要有一些人敢说真话。

人不肯为之，我则为之，这是一种责任。人们不愿意做的事情，我自己努力去做，把它落实好，把它实实在在地推广下去，做下去。

人不能忍之，我则忍之，这是一种胸怀。在改革的过程中，会冲撞许多东西，会碰到许多困难，会碰到许多麻烦，忍一忍就过去了，忍过这一关，我们前面就是一片光明的天空。这是一种气度。我期望我们的教师有一种悠然的气度，一种自由的情怀，一种人文的理想，一种追梦的执著，一种美丽的教育乌托邦。

当然，我说的是一种理想化的状态，但我们也实实在在地朝着这个方向去努力，去追寻，去实现。而且，可以说我们在某种程度上实现了一部分理想。但是，坦率地讲，我们这支队伍的发展还不够令人满意，我们要不断地追寻，不断地探索，不断地发展。我们不但要提升教师的个体素养，还要提升学校团队的整体素养，也就是团队要有团队精神，要有团队文化。我经常跟老师们讲：学校毕竟是学校，学校的空间范围非常狭小，在这个范围之内我们能不能更加纯净一点？在这个狭小的范围里，我们建立一种共同的价值取向、哲学思想，营造一种共同的精神氛围、文化氛围。

我们的基本策略是什么？是前面曾经提到的教研、课改、师训三位一体的基本策略。课程改革引发了我们的教学研究，而教学研究又推动了课程改革。我最反对那种为课题而课题的课题研究，它不能解决问题。课程改革中的问题才应该是我们教育科研的课题，而教育科研又带动了教师培训。教师在研究课题的过程中，需要进一步提升自己，从而带动了教师培训；教师培训能促进教研活动的开展，也能够启发我们的课改。我觉得这三者本来就是密切联系的。所以，把三者融为一体能够提高我们的工作效率，创建具有共同性和进取性的学校文化。

应当采取哪些手段来达到我们的效果呢？

第一，开阔视界。我们有众多大家的报告，尤其是教育界大家的报告，其中有很多东西是可以汲取的。我们可以邀请到很多名家，比如复旦大学前任校长杨福家教授，上海社科院的邓伟志教授。

第二，名师导航，即拜师求艺。已经退休的资深教授、资深校长是一笔宝贵的财富和资源，把这些名师请来，让他们和我们的骨干教师联系起来，结成对子，实行传帮带，能有效缩短我们教师成长的时间。以我个人为例，我的导师是全国著名的语文特级教师于漪老师，她给我许多启发，从她身上我学到了很多东西，如大气、包容，特别是她全身心扑在教育上、扑在学生上的敬业精神和奉献精神。名师导航能够缩短教师成长的时间，能够传授给他们许多经验与技巧。

第三，走进经典，即阅读经典著作。每年寒暑假之前，由工会组织所有老师读书，写读书心得、读书笔记，评奖，并在全校教工大会上介绍读书的体会。读经典著作对我们老师的成长的确是十分有益的。现在我们发现了一个问题，就是老师不读书，最应该读书的人不读书这就成问题了。我们的老师如果只会做题目的话，其成长就会大打折扣。

第四，案例研究、课题研究。我们的案例研究、课题研究是以备课组为单位的，课题组就是备课组，也就是师训小组，我们把大家统合在一起进行教研活动。课题组的案例研究交流是一种非常有益的师训方式。我们搞课程改革以自愿为原则，这基于我对我们现状的了解。因为我们都知道，如果你强制推行的话，意味着很多老师只是被动地去做，是不情愿的，这很可能会造成应付的现象——老师要应付校长太容易了，但应付是没有效果的，我们应倡导自愿政策。

建平中学从哪个学科开始做起的呢？从语文学科开始做起的，当然这与我本人有关系，我自己是语文特级教师，对语文的了解应该说是比较透彻的，且语文这个学科本身也是改革空间最大的，所以从语文开始做起，给语文老师、语文备课组一些政策支持。申报课改课题以备课组为单位，必须拿出课题方案，我们请专家来评审，评审通过了以后按照方案来实施。开始实施后，学校课题经费到位，参与这项课题研究的所有老师的工资上浮300元。300元看起来并不多，但是我们同时给这个备课组活动经费每月1000元。这笔钱怎么用呢？可以用在备课上。比如开展研究鲁迅的教研活动时，请复旦大学鲁迅研究专家一起来研究；开展研究《史记》的备课活动时，请复旦大学中文系《史记》研究权威到建平中学来。把这1000元作为邀请专家的费用。比如下一阶段我们要学《杨修之死》，恰好逸夫舞台在演《曹操与杨修》，让相关老师去看看这场演出，以加深对作品的理解。上海博物馆、上海展览中心、上海大剧院有新的展览，老师们可以去看，经费也从这里支出——高雅文化对教师素养的提高是很有好处的。如果老师仅会解题，他们永远成不了一流的教师。老师必须会解题，但是不能仅会解题，老师的艺术修养、人格修养，都要在我们的关注范围之内。当然，我们这1000元还可以有另外一种用途——改换集体备课的地点。在学校备课时间久了，偶尔可以到茶室去。背背课，聊聊天，吃吃茶，能够帮助备课组形成一种团队氛围，形成一种团队合力，也算是花小钱办大事。我们语文组的这种活动方式，这种快乐、幸福的氛围，一下感染了其他学科组。数学组也申请要参加课程改革，他们把课程方案设计出来之后，我们请专家来评审，评审通过以后按照课程方案来实施。外语组紧跟着也行动起来了。综合文科组是在一年之后开始的，综合理科组是两年之后开始的。我们的学科发展是不平衡的，不平衡是常态，我们不可能一刀切，改革不需要齐步走，可以让一部分人先行动起来，以积累一些经验，当然也留下一些教训，然后为下一个学科的改革提供借鉴，因为改革的成功都是一点一点积累起来的。现在学科之间的发展仍然不平衡，不平衡是正常的，是永恒的，平衡是相对的，我们还要花大力气让一些改革步子慢一点的学科慢慢跟上来。我们要花一部分力气培养一些高端教师，我觉得教研组活动、备课活动的成功与否，在很大程度上取决于备课组有没有高端教师，因为高端教师在方向的把握上，在课程计划的设置上，起着不可替代的作用。

第五，教育沙龙。这是一种促进思想碰撞的好方式。这是建平中学的传统品牌项目，每个月最后一个星期的星期四晚上，凡有兴趣的教师都可以留下来，就建平中学的热点问题、教育改革的重点问题进行讨论，学校提供免费晚餐。开始时有20多个人，后来增加到30多个人，再后来聚集了40多个人，最多的时候达到80多人，时多时少，我们都顺其自然。教育沙龙既是一种教师培训，也是一种凝聚目标的过程。我们有想法，有改革的动作，在行动之前先把问题抛给教育沙龙，让老师们围绕改革自由地进行批评与建议。在教育沙龙中，没有校长和老师之分，没有年长和年轻之分，大家都是平等的人。有时候老教师和年轻教师观点不一致，争得面红耳赤，有时候课程处主任会和老师们探讨上半天。在这个过程中，老师们充分发表意见，非常热烈，非常起劲。我们汲取好的建议，然后再加以整合，形成一个比较完善的方案，再拿给教代会去讨论，先集中再民主，民主后再集中，几个过程下来，把所有老师的意见都归纳了进来。集中起来以后，就把学校的改革举措变成了大家共同的东西。目标认同，目标凝聚，这也是教师培训，是一种自由状态下的教师培训，即让老师敢说话，多说话。所以，学校沙龙就是让老师倾吐、交流，我称之为读脑。在学校我倡导读书，也倡导读脑。读他人脑海中的东西，不必要求是严谨的，合乎逻辑的，系统的，这些都不要紧，只要它是鲜活的，是一种思想的碰撞。在思想碰撞的过程中，我们从老师的脑海当中读到了很多有益的东西，老师也从其他老师身上读到了很多有益的东西。这也是一种培训，我们一直坚持到现在。

第六，导师制度。师生情感的交融，也是对教师的一种培训。教师在和孩子交流的过程中，可以反思自我的教育教学，加深对教育的认识，从而使教育经验不断得到积累和升华。

第七，开研讨会。我们喜欢开研讨会，并且常常到全国各个地方去开。我们开全国性研讨会，是为了搭台让老师"唱戏"，让他们在同行面前一展风采，让他们找到一种感觉，这对教师的成长是非常有益的——前面我也讲过，教师培养很重要的一点，是气质的培养。因此，我们让老师们在同行面前多亮相。我们和江苏、浙江、安徽创建的新语文圆桌论坛，就是我发起、筹划的。其间，我让我们的语文老师分批在圆桌论坛上登台亮相，上观摩课，上示范课，讲讲自己对语文教学的理解，对鲁迅作品教学的理解，对文言文教学的理解，对外国作品教学的理解。数学也是这样，有一次我们组织了上海市数学教学研讨会，上海市知名重点中学校长、数学教研组组长、资深数学特级教师纷纷参加。针对这次高层次的研讨会，我们把模块教学拿出来，让同行们评说，让专家们点评，他们说："建平中学真正是从学生的素质教育出发，高考教的你们教，高考不教的你们也教，你们是真正为孩子的一生发展负责。"另外，数学组的课改论文获上海市一等奖、全国二等奖。老师们在同行面前展示成绩，对他们坚定不移地进行课程改革，起到了很好的推动作用。我们还引荐老师到其他省市去讲课、做报告。很多地方邀请我去上课，去做报告，我便把我们的老师一起带去，推荐他们去讲课，找找感觉。另外，利用自己在上海市教育系统比较丰厚的资源，我推荐我们的老师参加课程标准的制定和研讨，参加新教材、教参的编写，参加新的拓展性课程、选修性课程的编写，在加强其业务学习的同时，帮助他们树立自信心——"我在同行当中是佼佼者"。我推荐我们的老师参加上海市高考命题，目前已有 14 人参与其中。参加上海市高考命题，意味着他们的学术地位被同行、专家认可，从某种意义上说，他们已经是学科专家。

第八，催生成果。主要方式有帮助老师发表论文，帮助老师出版专著。

无论采用何种方式手段，都是为了营造建平中学教师团队的组织文化。这种组织文化的特性之一是共同性。什么叫共同性？学校是师生学习的共同体，是师生发展的共同体，我们在尊重教师个性追求的同时，要建立团队的共同价值观和哲学观。建平中学要有很高的高考升学率，但是除此之外，我们要实现孩子的可持续发展，让孩子们健康快乐地成长。这就是我们的价值取向。

第二个特性就是进取性。在尊重教师个人愿景的同时，我们建立了学校的共同愿景，激励教师追求卓越，崇尚一流，不断进取，不断发展。我们的理想趋向是什么？

我们的第一境界是思想升华。以提高我们自己的师德修养、提升自己的教育理念为第一追求，以师德高尚、教育理念先进为第一境界。这是我们倡导的，虽然在目前状态下还没有完全实现。

我们的第一待遇是学习、进修，以不断进修、终身学习为乐。建平中学给老师们创造的最高福利待遇就是学习、进修，并且是高层次的学习机会，高质量的进修机会。比如我们派老师到德国、美国去学习，给老师选择最好的名师带教。所以我们的老师经常讲，在建平中学工作是幸福的，是快乐的，有很好的学习机会，有很好的教育资源。

我们的第一要务是激发老师内在的力量。外在的压力当然是一个方面，但内在的力量更重要，要激发老师内在的需求，让老师们追求卓越、不断进取，以各种方式来激发自己内在的驱动力。

　　经过这么多年的打造、培养，建平教师队伍已经初具规模，老师的整体素养较高，骨干教师多半在40岁左右。这支队伍在上海市乃至全国已经小有名气。我们的一些特色学科在上海市已经奠定了基础：上海市很多专家同行认为我们的语文学科是国家队，建平中学语文组中有五名全国课堂教学大赛一等奖获得者；我们的数学组也有两名上海市一等奖、两名全国一等奖获得者；我们的外语学科高考总是排在上海市前四位。2009年上海市教委评审特级教师，建平中学一所学校有4位老师同时评上特级教师，在基层学校中绝无仅有；2011年上海市教委评审特级教师，建平中学又有4位老师同时评上特级教师。接下来，我们要做的就是，怎样让我们的高端教师继续发展成为学科的引路人，怎样进一步提升青年教师的学科功底和敬业精神，这些都是我们下一阶段要重点考虑的。

　　我想借用著名作家萧伯纳的一句话来结束我的发言：人生的真正欢乐是致力于一个自己认为是伟大的目标。我们做校长的、做老师的，我们所认为的伟大的目标就是把学生教好，把学校带好，我们服务于这个目标，终生感到快乐。

教师的文化自觉

各位老师，大家下午好！一所学校能够派这么多老师到北大来学习，好像不是很多见，说明学校对教师还是非常重视的。今天我与大家聊的话题是"教师的文化自觉"，主要讲三个方面的问题。

一、教师的文化自觉决定教育的内涵

今天我们都在讲学校内涵发展，都在讲学校个性化办学，学校的内涵在哪里呢？主要体现在教师身上，如果教师没有文化，那我们的教育肯定就没有内涵。

我们先来看一个案例，从案例当中我们可以思考一些东西。

领导到学校视察工作，校长选择了一位非常优秀的学生作为学生代表在会议上发言。这个五年级学生的发言稿中有这么几句话："各位领导：我们的学校以德育为灵魂，以教育为中心，全面贯彻党的教育方针，实施新课程改革，培育21世纪中国特色的社会主义现代化人才，全力打造××市窗口性、示范性学校……"

我们从这篇发言稿中看到了什么？我们从头到尾看不到一个孩子的思维，看不到童言、童真、童趣，这不是教育的成功，而是教育的失败。这段话是非常典型的校长的官话、套话、废话，不能把它作为教育的成果。

从网上看到一名美国小学生写给奥巴马总统的信："我想告诉你，你当选，我有多么担心。我爸爸说，奥巴马当总统，我们都得搬到贫民院去。我爸爸说，我们得买鸡，靠卖鸡蛋过日子。如果我投票选举，我一定会投给约翰·麦凯恩。但是，你能与家人住进白宫，我还是为你们感到高兴。"这个孩子的话语简单、朴素、真诚，具有孩子的话语特征，说的是自己的话。

我们经常听到孩子们在说一些大人的话，说一些校长的官话、套话、废话，原因何在？

我们一起来看看课堂，二年级的学生正在学习《带着尺子去钓鱼》一文。文中说，在丹麦，钓到22厘米以下的鱼必须放生，否则会受到严厉的惩罚。老师设置了一个问题："他们会受到怎样严厉的惩罚呢？"

语文老师咬文嚼字的能力是很强的，将逻辑重音落在"严厉"上。

学生大胆想象："把钓鱼人丢进海里！没收他所有的钱！"

老师摇了摇头，孩子们心想可能是严厉的程度不够。于是第二个孩子说："让他坐牢20年。"老师还是摇头。第三个孩子说："判他无期徒刑。"老师仍然摇头。第四个孩子说："枪毙！"

我们怎么来评价这堂课？用一句话来评价这堂课就是"没文化"。这堂课原本的教育目标之一，就是告诉孩子们，公民要遵守法律。但是孩子们的回答恰恰是随心所欲的，和教学目标完全是相悖的，这与教师备课不到位直接有关。在开放的课堂上孩子们会说出各种各样的话，教师要了解孩子的心理，知道怎样应对学生。表面上看是技术问题，实际上体现了教师的文化内涵问题。

看看我们的考试题：

天津市河西区教育局副局长孙惠玲给政协委员们出了一道北京市2010年幼升小测试题："1到9九个数，按照要求给它们分类，比如'1、3、5、7、9'、'2、4、6、8'是按照奇数、偶数来分的，那么1378、59、246是按照什么标准将它们分为三类的？"一位委员发言说："这是一个心理学的实验。1378是奇偶混搭，59是纯奇数组，而246是纯偶数组。"他的答案被孙惠玲否定了，其他委员给出的答案也都被否定。正确答案是：按照拼音来分的——1378都是一声，59都是三声，246都是四声。用一句话来评价这道题——没文化。

看看老师发给家长的一条短信：

"尊敬的家长：你好！最近天气比较冷，感冒等流行性疾病很容易传染，希望能注意孩子的营养，也可以给孩子买一些板蓝根作为预防。"看到这里家长心里暖暖的，但是，看到短信的下一页，家长的心一下就凉了，"不要让孩子在期中考试时因为身体不适而影响成绩。谢谢配合！"

家长心里很明白，老师发这条短信不是出于对孩子身体的关心，说白了是对班级考试成绩的关心。

一位特级教师跟我说起发生在他们学校的真实案例。他们学校是上海市非常著名的一所学校，班上有一名学生成绩非常好，每次期中考试和期末考试都是年级第一名，而且遥遥领先。一次期中考试之前，孩子的爷爷去世了，他从小是由爷爷奶奶带大的，所以对爷爷非常有感情。爷爷去世后他悲痛欲绝，想看爷爷最后一眼，给爷爷送行。家长很支持，找班主任请假，但班主任坚决不同意，要求学生考完试再去，因为这直接关系到整个班级在全年级期中考试的排名。对孩子来讲，这样做是不是太不人道了？是不是太没有人文关怀了？到底什么是最重要的，值得我们考虑。

我们再来看看班主任的技法。

这是一件2011年发生在北京市一所重点小学的真事。快到年终考核了，班主任希望能够为她评优增加点有力的论据，便要求同学们匿名写出对她的感受，并保证不管怎么写她都不会生气。绝大多数孩子都写了赞美她的文章，只有两位同学写了负面的问题。班主任阅后大怒，叫两人"投案自首"，全班无人吭声。班主任本事很大，她冷笑着念歌颂她的文章，念完一篇让文章作者拿走一篇，让两篇负面文章的作者自然暴露，从此噩运降临。

不知道从什么时候起，教师的哲学思想缺失了，教师的个人品格缺失了，只有解题做题，自身的人格和人文气息不知道到哪里去了。我的观点是，课堂上不是什么事情都可以做的，教师应该沉思，因为你的对象是学生。

现在的教师培训也存在一种文化性缺失。教师培训主要是培训教学技术、教学模式、教学方法等等，教师的人文思想变得不重要了，世界观从教学中消失，导致哲学思想的缺失和贫乏。

我们重庆八中的校长还是很有眼光的，把大家派到北京大学来，听听大学教授讲人文情怀，对教师职业思想的提升还是很有意义的。

我不知道在座的老师为什么当初选择当老师，我想总有一些人是怀着美好的憧憬当老师的。但是时间一长，我们不知不觉地麻木了，只知道做题、解题、考试、分数。分数当然重要，但是我们不能把核心东西丢掉。

文化赋予一切活动以生命的意义，文化的缺失意味着生命的贬值与枯萎。刚才那道题没文化，所以没有意义；刚才那条短消息因为没有文化，所以让家长心凉。教育是文化的传承，课程改革我们改什么？为什么要改？课程改革不是单纯的技术手段的改革，目的是为了更好地实现文化传承。

今天我们拥有了钞票、车子、房子，但为什么仍没有幸福感？我们都在埋怨别人，可是自己到底做得怎么样？教师应该把自己的事情做好，让孩子们耳濡目染一些好的事情，懂得一点真情，懂得一点文化，可能社会就会变得更好。

今天中午我与钱理群老师一起聊天，我们有一个共识，即希望在民间。我们要把手头上的事情做好，因为真正意义上的教育就是一种文化的传承。用我们的一句话，用我们的动作神态，用我们的点滴思想去影响一个孩子，去带动一个孩子，去影响一个老师，去带动一个老师，把我们的思想慢慢传播开来。教育一旦失去文化，所剩的只是知识的位移、技能的训练和应试的准备。德国大哲学家雅斯贝尔斯说过："训练既可以针对人，也可以针对动物；而教育是仅仅针对人的。"我们一天到晚把孩子当成动物一样训练，学校不就成了马戏团了吗？

什么叫作有文化的课？我以为最起码应该具备以下特征：

第一，目中有人，即心里面装着学生。

今年4月份我应邀来到北京，海淀区等三个区联合搞了一个未来教育家培养工程的展示活动。三位老师在北京市实验性示范性高中第八中学上课，他们都是作为未来教育家来培养的优秀教师，其中有特级教师。他们都不是第八中学的老师，只是借第八中学的学生上课。借班上课最大的弊端是不了解学生，所以借班上课的第一要点是了解学生。三位老师没有一位在课堂上让学生提出问题，课前和课后也没让学生提出问题，教师不知道学生的问题在哪里，怎么基于学生进行教学？

这几年我听过几百堂课，听完课以后如果不影响孩子们正常上课，我会留下三五个学生，当着任课老师的面，我们一起来讨论几个问题。老师们说得最多的一句话是"我真的没有想到孩子是这么想的"。老师在课前预设很多内容，有些与孩子是一致的，有些预设的内容与孩子是不一致的，不一致的东西是需要我们调整的，但是很多老师根本不知道。

第二，心中有数，即教师要知道孩子是有差异的。每个学校、每个班的学生都是不一样的。

第三，手中有法，即根据学生的差异，采取行之有效的方法。

建平中学是一所相当好的学校，考进建平中学比考大学还难。考进建平中学的学生总分差不多，但是学科之间还是有差异的，差异较大的是英语和数学。一个学期下来，孩子在初中学得非常好，到了高中开始分化，分化最明显的是英语和数学。所以我们从高一下学期开始，把英语和数学分了A、B、C三个层次，从高二上学期开始，物理和化学采用A、B两层次教学，针对学生差异采取有效的方式。

浦东新区有601所学校，近四万名教师，是上海最大的区域。沿黄浦江一带的学校比较好，沿海的农村学校比较薄弱。有一次我打电话给一所农村学校的校长，想到他们学校听课，校长答应了。他生怕我听课感觉不好，于是高度重视，他知道我是语文特级教师，经过认真研究决定让我听一堂数学课。我到得比较早，便和校长聊天。他说讲课的是一位优秀教师。我马上追问："你心目当中的优秀教师是什么标准？"校长停顿了五六秒钟说："这位教师带的班级，中考肯定是年级的第一名或第二名。"上课的时候我观察这位中年女教师，数学老师喜欢让学生上台板演，她让程度最差的孩子上台板演，让程度中等的孩子上台纠正错误，让程度最好的孩子上台介绍更加有效的解题思路和解题方法。我一看非常感动，她真正做到"让每一个孩子都得到发展"。我们过去经常讲抓中间带两头，或者说抓两头带中间，谈何容易，但是这位老师做到了。这位老师目中有人，心中有数，手中有法。

有文化的课应该理解学生的需求。我们曾经到过很多学校开学生座谈会，学生说两年半了学校从来没有开过一次座谈会。作为一校之长，作为一位老师，不知道学生想什么要什么，能上好课吗？这能管理好吗？很显然不能。

2011 年 4 月 10 日，我在《中国教育报》发表了一篇文章，题目是"南辕北辙：教育家渐行渐远"，我们现在这些教育家培养工程是南辕北辙的，教育界不缺乏知识，而是缺乏常识。

有文化的课应该理解学生的期望。学生想什么，盼望什么，喜欢什么样的老师，我们都应该知道。

有一个孩子说："好教师就是在课堂上显得比平时更漂亮的人。"很多老师大概没有想到孩子怎么会这样想。孩子们希望看到一位身心疲惫、面容憔悴、无精打采的老师，还是希望看到一位神采飞扬、精神抖擞、浑身充满活力和激情的老师？毫无疑问是后者。

作家魏巍写了一篇文章《我的老师》，以童年的眼光回忆了小学老师蔡芸芝。他说："仅仅有一次，她的教鞭好像要落下来，我用石板一迎，教鞭轻轻地敲在石板边上，大伙笑了，她也笑了。"

小孩子调皮，老师用教鞭敲他，孩子居然敢拿石板一挡，按照我年轻时候的性格，肯定把石板抢过来打他一顿。但是蔡老师不是这样的，教鞭是轻轻地敲在石板边上，大家笑了，她也笑了。就这么一个动作，一个情态，一个温柔的、慈祥的、美丽的、伟大的小学女教师形象永远镌刻在孩子的心中，再也挥之不去。我现在感到最得意、最幸福的就是我教过的学生，他们回来看看我，跟我聊聊天，说起当时我教他们的时候，我的一些莫名其妙的话语，一个莫名其妙的动作，一个非常搞笑的行为，讲得孩子们哈哈大笑，我也哈哈大笑，这是我作为老师最幸福的时刻。所以我当校长以后仍然上课，我说什么事情都可以不干，但是课必须要上。现在不能上课了，我就一个星期去两所学校听课，老师们特别喜欢跟我聊天。

西方有一句教育谚语："教师就是面带微笑的知识。"教师是人，是活活生生的、有情有义的、会笑的人，为什么要把自己打扮成教科书、教参一样呢？

有文化的课堂师生关系应该是和谐的。有和谐的师生关系，才会有和谐的课堂，才会产生有文化的课堂。

启功先生是北京师范大学教授，中国著名书法家，他上课时的开场白经常是这样："本人是满族，过去叫胡人，因此在下所讲，全是胡言。"引起孩子们笑声一片。

我再举个例子。一天上课铃声响过好久，还有七八个同学没来，老教授按照惯例点名，当他点到"秦明"时，没有人应答，老教授连叫三声"秦明"，依然没有人回答，他稍稍抬起头，从老花镜后仔细看了看全班同学，然后纳闷地说："这个人是不是人缘很差？怎么连一个朋友也没有。"

所以师生之间有一个融洽的关系，才会产生和谐的课堂。

我不是大学教授，关于评价，我讲不出什么理论性的东西。从生活中的案例来看老师写的评语，我的观点是促进学生发展的评语才是好的评语。

教师评价学生，是为了打击他们吗？是为了给他们分三六九等吗？当然不是，是为了促进他们发展。如果把这个目的丢掉，就没有意义了。老师给学生写的评语有下列几种情况：一是公式化，德、智、体、美，优点、缺点、希望；二是脸谱化，千人一面，没有个性，用一个评语套几十个学生；三是公文化，语气冷漠，如"该生如何"。评语应该是面对学生，如同促膝谈心；针对个性，写入内心；语言活泼，激励感染。

我们可以看一个案例。黑格尔当年从神学院毕业的时候，他的老师给他写过一则评语："黑格尔，健康状态不佳，中等身材，不善辞令，沉默寡言，天赋高，判断力健全，记忆力强，文字通顺，作风正派，有时不太用功，神学有成绩。"写到这里，我们在座所有的老师都能写得出来，但后面几句话很难写，"虽然尝试讲道不无热情，但看来不是一个优秀的传道士。你语言知识丰富，哲学上十分努力。"神学院是培养神父的，神父是布道的，布道的目的是让信徒信服。如何让信徒信服？要有情感。黑格尔没有情感，所以老师给他下了一个结论：看来你不是一个优秀的传道士，你语言知识丰富，哲学上十分努力。我们都知道，黑格尔成了一位哲学家。

好的评价能促进学生的终身发展。我想起了我的读书生涯。1977 年恢复高考，1978 年我高中毕业。1977 年我们开始分科考试，当时我在整个年级文理分科考试中获得总分第二名，我毫不犹豫地选择理科。我的班主任老师陈庆澜是一位语文老师，他对我非常欣赏，他说："我觉得你骨子里面是喜欢文科的，你学文科更有趣味，更有发展空间。"我听了之后，觉得很有道理，别人喜欢什么，那是别人的事情，关键要看我自己喜欢什么，想通这个道理之后，二话没说我立刻改报文科。1978年高考，我所在的上饶市第一中学理科考上了 40 多名，文科就考上了我一个。

我们再来看看常州一中殷涛老师的作文评语：

"这分明是一位思想者智慧的闪光，让我看到了你的激情与睿智，佩服！"他要表达的就是思想深刻；"这是献给生命的赞美诗，流淌着柔和而优美的音符。"他要表达的就是语言优美；"激情是诗歌起飞的永恒动力，恭喜你已经拥有了它。"他要表达的就是感情充沛；"谢谢你，让我免费参观了中华恐龙园。"他要表达的就是描写生动。孩子是希望看到思想深刻、语言优美、感情充沛这些干干巴巴的词语，还是喜欢看到这些充满感情的句子？站在学生的角度，我们就知道自己应该干什么了。我们的语文老师总认为学生不喜欢写作文，我认为不对，是我们的评价没有促进孩子喜欢写作文。殷涛老师不是不批评孩子，但他的批评很有艺术性："文笔令人拍案叫绝，如果再能打开思路，在形式上作一番加工，定会锦上添花。"他要表达的就是文笔较好，但形式落入窠臼；"修辞将使你的文章在朴实无华之外，再收获'生动优美'的桂冠。"他要表达的就是语言太平淡，像白开水；"一首动听的歌谣让成长的历程充满诗情画意，但不能忽略标点——它们可是成长道路上的脚印啊。"他要表达的就是不要忽略标点。如果你是这么批评孩子的，他们怎会不愿意接受呢？这就是有文化的评价。殷涛老师不但在写作方面帮助孩子，在思想上也教育孩子。进入高中之后，学生开始分化，有些孩子成绩掉队，就会发牢骚，怀念美好的初中生活。殷涛老师在评语中写道："与其在黎明前诅咒黑暗，不如在黑暗里迎接黎明。"这是劝勉学生直面逆境；"过去，只是一枚橄榄，可以回味，却填不饱肚子。"这是告诫学生向前看；"真心的快乐是需要热情的薪火和真诚的汤料慢慢熬制的。"告诉学生要追求真正的快乐。

学校的内涵在哪里？不在老师和校长喊的口号上。让每个学生都得到发展，以人为本，个性化办学，特色化办学，创新精神等等，这些话我们哪位校长不会说？文化要在细节上体现。

二、教师的文化自觉成就学校的文化

学校文化关键在教师文化。我到一所民办学校去，校长是一名企业家，花了不少钱建了一个非常大的校园，校园里面专门辟了一块地方，搞了很多名人雕像，他告诉我们这是他们的校园文化。其实，学校文化关键在教师身上。

今天很多学校都在进行课程改革，但是我发现只是在形式上做了很多改变。夏丏尊曾说，"学校教育如果单从外形的制度与方法上走马灯似的变更迎合，好像掘池，有人说四方形好，有人又说圆形好，朝三暮四地改个不休，而于池的所以为池的要素的水，反无人注意。"这句话说得很真实。

我们抓升学率也好，要分数也好，这些都能理解，但是我们不能把教育最重要的东西丢掉。我们现在都热衷于喊口号，我认为口号只有转化为教师的言语行为细节，成为一种文化行为，才有意义。

我们可能把某种重要的东西丢掉了，所以只注意形式上的变革，没有真正在价值思想层面上变革，那么我们的课改很可能是低效的，甚至是无效的。上海一期课改叫必修课、选修课、活动课，二期课改叫基础型课程、拓展型课程、研究型课程。概念变了，但是东西变了没有？文化的核心就是价值思想，价值思想是附着于外物、附着于行为、附着于语言的内在的关乎价值、形而上的东西。

不妨看看中国老师出的一道历史题："成吉思汗的继承人窝阔台，公元哪一年死？最远打到哪里？"

美国世界史教科书关于这段历史史实出的题目是："成吉思汗的继承人窝阔台，当初如果没有死，欧洲会发生什么变化？试从经济、政治、社会三方面分析。"

把两道题摆在一起就知道差异在哪里。我们的试题培养的是"死人"，美国的试题培养的是"活人"，即面对当下、面对未来能解决实际问题的人。

一位美国高中生这样回答：这位蒙古领导人如果当初没有死，那么可怕的黑死病，就不会被带到欧洲去，后来才知道那个东西是老鼠身上的跳蚤引起的鼠疫。但是六百多年前，黑死病在欧洲猖獗的时候，谁晓得这个叫作鼠疫。如果没有黑死病，神父跟修女就不会死亡。神父跟修女如果没有死亡，就不会怀疑上帝的存在。如果没有怀疑上帝的存在，就不会有意大利佛罗伦萨的文艺复兴。

如果没有文艺复兴，西班牙、南欧就不会强大，西班牙无敌舰队就不可能建立。如果西班牙、意大利不够强大，盎格鲁—撒克逊会提早 200 年强大，日耳曼会控制中欧，奥匈帝国就不可能存在。

美国老师给出的评价是 A。

我相信中国孩子也是很聪明的，但问题的关键是我们没有给他们提供这样的机会。

我们再来看看美国的语文教材。

美国语文教材是以美国历史的发展为线索：从美国的土著开始到 1750 年是"文明的交会"；从 1750 年开始到 1800 年是"国家的诞生"；从 1800 年开始到 1870 年是"国家的发展"；从 1870 年开始到 1914 年是国家的"分裂、和解与扩展"；从 1914 年开始到 1946 年是人民的"不满、觉醒与反抗"；从 1946 年至今是国家的"繁荣与保护"。

美国教材将文学学习和历史学习融合在一起，"将学生个人成长和国家发展联系起来"，这一点值得我们借鉴。我们一天到晚讲爱国主义教育、德育，德育到底在哪里？其实，德育是在学科教育之中。美国语文教材把历史和文学结合在一起，把学生个人成长和国家发展结合起来，其背后是全人的教育思想。看看别人的教材我们发现我们的教材有问题，有比较才能鉴别。教师有多么开阔的视野就决定了教师有多大的作为，如果你的视野是狭隘的，那么你的工作不可能做好。美国语文教材选取了不同时代具有广泛社会影响及文学代表意义的文章，特别注重社会历史意义。

教材包括：哥伦布的《第一次美洲航海日志》；作为美洲土著中最初的五个民族之一的昂昂达嘎族的《龟背上的土地》；作为黑奴被卖到美洲的欧拉乌达·艾库维阿诺讲述的奴隶的《"有趣的故事"》；约翰·史密斯的《弗吉尼亚通史》；本杰明·富兰克林的《富兰克林自传》；托马斯·杰弗逊的《独立宣言》；美国革命时期最有影响力的演说家帕特里克·亨利的《在弗吉尼亚州大会上的演讲》；亚伯拉罕·林肯的《葛底斯堡演说》。

这些文章都是在美国历史上产生过重大影响的重要人物的重点作品，历史意义是第一位的，从历史角度看是不可或缺的。语文课不是培养科学家，不是培养作家，说到底是培养合格的国家公民。

其次才是考虑文学代表性。如埃德加·爱伦·坡的小说《厄舍府的倒塌》；拉尔夫·沃尔多·爱默生的《自然》；亨利·大卫·梭罗的《瓦尔登湖》；马克·吐温的《密西西比河上的生活》；杰克·伦敦的《生活》；约翰·斯坦贝克的《龟》；欧内斯特·海明威的《在另一个国家》；凯瑟琳·安妮·波特的《被遗弃的韦瑟罗尔奶奶》；詹姆斯·瑟伯的《幽灵进来的那一夜》；伯纳德·马拉默德的《前七年》；约翰·厄普代克的《棕色的大箱子》等等。

他们的作业也别具一格。站在培养人的角度考虑问题，他们的点子库、微型写作课都是很有创意的。

例如作文题：将《富兰克林自传》传达出的内容，与富兰克林作为一名政治家的事业进行比较，将你的发现写成一篇小论文。学生研究项目：

为到费城旅游的游客制作一本旅游指南，集中表现富兰克林的成就，并包含一些相关历史古迹的照片。

其目的是培养面向现代社会有思想、有知识、有应变能力的人。他们的作业极富挑战性，而且超越了我们传统意义的作业，意图通过练习的引导将课文中的思想内容与学生自己的感受和当代社会联系起来，开拓思路，从各个角度去思考怎样将历史上的经验和人类精神的精髓应用到现代生活中。

在教师培训中，现代技术和学科教育的整合，教学模式的建构，这些培训应该有吗？应该有，但是这些东西并不是最重要的。教学模式是一把双刃剑，它能帮助我们建立教学规范，但是有的时候也会压抑师生的创造性。什么东西最重要？我们教师自身的学养最重要。

我们应该如何教学生呢？上海有一位老前辈商友敬，他说语文教育应该是这样的："你不会读书，我教你读；你不会写文章，我教你写；你不知道这本书好，我讲给你听；你不知道这篇文章的缺点，我指点给你看。"虽然这段话说的是语文教学，但是其他学科也是这个道理。重心就在于，让学生学得更好。

最近这些年钱理群先生编写了很多中小学生的文学读本，他曾经说："牵着中小学学生的手，把他们引导到这些大师、巨人的身边，互作介绍以后，就悄悄地离开，让他们——这些代表着辉煌过去的老人和将创造未来的孩子一起心贴心地谈话，我只躲在一旁，静静地欣赏，时时发出会心的微笑……就为这个瞬间，无论付出什么代价，都是无怨无悔的啊！"这段话讲到我心里面去了，我就是这样教书的。

我在建平中学带了四届高三，我所带的不论开始是什么班级，最后高考肯定是整个年级的第一名，没有一次例外。高一第一堂课我就告诉孩子们我们为什么学语文，我们到底怎么学。我规定两个动作：第一是每课一诗。按照学号轮流，由一个学生介绍一首诗歌，然后全班同学背下来，从高一的第二节课开始到高三的最后一节课，一节课都不少。第二是每月一书，每个月读一本文化名著。高一、高二任何试题都不做，语文能力不是做题做出来的，到高三再做题。我推荐某本书的时候，会讲得有声有色，说我怎么喜欢看，怎么开心。先把孩子引诱上钩，然后就好办了。为什么教他们写读书笔记？就是让"代表着辉煌过去的老人和创造未来的孩子一起心贴心地谈话"，让孩子们把自己的感受写出来，我躲在一旁静静地欣赏，每个月花一到两节课的时间讨论这本书，每个月每个孩子写一篇读后感或者书评。读书让孩子们终生受益，我教过的孩子毕业10多年后还会打电话问我在看什么书，让我给他们推荐。

我们为什么要进行课改？课改的意义在哪里？改了以后会怎么样？不改又会怎么样？要把这些基本问题想清楚。

顾泠沅老师是上海数学界的权威，他是站在学生的角度评价课改。现在有些地方的课改追求热闹，尤其是公开课。顾泠沅老师评课，首先问学生该听的听了没有，"听"是什么？就是吸收，让学生吸收到有价值的东西。第二是学生该说的说了没有，"说"是什么？就是表达。第三是学生该想的想了没有，我们有不少课，包括所谓名家的课，也经常剥夺学生思考的时间。第四是该做的做了没有，该动手实验的实验了没有。顾泠沅老师的四字真经，非常朴实，耐人寻味。

课堂原本就是非常朴实的，但"改了以后是否真正让学生的课堂学习增值"，这是华东师范大学崔允漷教授的观点。课堂学习的值包括：动力值，即学生想学习的愿望；方法值，即学生会学习的方法；数量值，即学生所学到的知识与技能；意义值，即学生学到的东西是有意义或受用的。

改了以后让学生产生强烈的学习愿望才行。我觉得这个很有道理。学校文化要打破虚假繁荣，课程改革必须深入到价值层面、思想层面、精神层面。什么叫作价值层面、思想层面、精神层面呢？我想至少包括以下几个方面：第一，科学正确的价值判断；第二，持之以恒的教育信仰；第三，坚定不移的文化追求；第四，庄严神圣的教育承诺；第五，始终如一的实践探索；第六，习惯如常的教学行为。最终体现在学校课程之中、教育行为之中、教育细节之中，成为这所学校的课程文化传统。

面对当下纷繁芜杂的教育理论、教育经验，校长、教师应该有自己的判断，基于自己学校的判断，基于自己学生的判断。教育界今天有许多理念，但我们唯独缺乏持之以恒的教育信仰。作为教育工作者，我们应该有坚定不移的文化追求，而不是不断地追逐时尚，不应该流行什么就赶什么。一些民办学校在招生的时候常会拉出横幅："给我一个孩子，还你一个栋梁"。这是什么？这是广告，这不是教育承诺。我所说的教育承诺是面对自己内心深处的承诺，谁也不会欺骗自己的内心吧。校长和教师始终如一地在自己的学校、班级进行实践探索，总结优秀经验，发扬光大，传承下去，成为一种习惯如常的教学行为。

三、教师的文化自觉成就教师自身的发展

今天的教育处在一个伟大的时代，在这样的时代里面，我们特别需要有信仰，有思想，有定力。我们要保持清醒的头脑，保持基本的判断力。

比如"把课堂还给学生"。有的学校为了避免老师在课堂上讲话过多，就让语文老师上数学课，让数学老师上语文课。这是完全违背基本常识的。我们应该充分调动学生的积极性，课堂什么时候该还，什么时候不该还，这是有讲究的。

学生已经懂的就不要再讲了，只需要检查就可以了。我们曾经设计过问卷问学生，最讨厌老师在课堂上做什么，开始我们以为孩子可能会说最讨厌老师在课堂上无缘无故发火，后来发现，学生最讨厌老师在课堂上没完没了地讲他们知道的东西。学生不懂但通过自己看教材可以搞懂的内容，你就让学生自己看教材；学生看了教材也不懂但通过合作能搞懂的，那就组织学生讨论。一些公开课，上课不到 5 分钟，老师就让学生分小组讨论，这个讨论是什么？是作秀。小组讨论是有讲究的，不能随意组合，小组成员之间的差异要最大化。我在建平担任校长的时候，我是语文老师，提拔了三个副校长，一个教数学的，一个教物理的，一个教生物的。为什么？因为他们的思维方式跟我不一样，我想到的，他们没有想到，他们想到的，我没有想到，这样一个校长团队才能效益最大化。

小组讨论之后如果学生还不懂，老师就该讲了；老师讲完之后若还不懂，就要通过实践让学生们体验。例如，我跟上海的孩子讲唐诗，讲边塞诗，孩子们没有感觉，因为他们不知道什么叫边塞。我利用校长职务之便，有一年暑假，带了六百多名学生，包了一辆列车，从上海出发，第一

站到西安，第二站到达嘉峪关、敦煌、玉门关、阳关，我们接着到了吐鲁番、火焰山，然后到天山、天池、乌鲁木齐等地。由此可见，有些知识是需要实践才能获得的。所以说，"把课堂还给学生"不能只是简单的一句话，把复杂的教育现象简单抽象成一句话，进而认为放之四海而皆准，这就出问题了。

文化自觉成就于漪老师。上一堂好课不难，难的是不断地上好课；做一次报告不难，难的是不断给人启迪；发一篇文章不难，出版一部著作也不难，难的是一辈子都在学习、思考、表达，都在产生重大的影响。这就是于漪老师。

于漪老师的话语方式就是独立思想，自说自话。什么叫独立思想？我们借用冯友兰的话语方式来表达。冯友兰说哲学史家要照着说，哲学家要接着说。我们教育界很多人都是停留在照着说、接着说。于漪老师是自己说，说自己的话，带着一线教育田野的泥土香味，带着一线教师的草根思想。于漪老师的话语风格，创新但不偏激，公允但不守旧；切合教育实际，适度超越现实。

于漪老师的思想：胸中有书，目中有人——这是她的教育观、学生观；要有所为，有所不为——这是她关于教学目标的定位；教在今天，想到明天——这是她着眼于未来的教育思想；身上要有时代的年轮——这是她与时俱进的时代精神；立体化施教，全方位育人——这是她文道统一、以道育人的教育策略；教学不是一次完成的——这是她对教育连续性、层次性、阶段性、复杂性的基本认识，体现了她对教育充满了智慧的认识。

于漪老师总是在重要关头拨正教育教学的基本方向。1978 年上海教育出版社召开会议，有人由否定思想政治教育进而否定人的教育。于漪老师在会上大声疾呼，教育就是人的教育，随即发表文章《既教文又教人》。20 世纪 80 年代初，全国中语会在福州召开会议，有人在会上提出"初中三年语文过关"，于漪老师说，高中放弃语文，后患无穷。20 世纪 90 年代，关于语文学科的性质大家各执一端，有人说工具性，有人说人文性，于漪老师说是"工具性与人文性的统一"，她发表了文章《弘扬人文，改革弊端》，直接影响到语文课程标准的制定。21 世纪，于漪老师根据学生的现状，大力倡导在学校教育中要树魂立根，直接影响到了上海的"两纲教育"——民族精神教育、生命教育。

你真正的生命，是你的思想。拿破仑曾经说过，世界上有两种东西最有力量，一是宝剑，二是思想，而思想比宝剑更有力量。苏霍姆林斯基说："学校领导，首先是教育思想的领导。"

于漪老师的人格特质：开阔的视阈、独立的见识、宽广的胸怀、自由的心态，是一种大家风范。人不能识之，我则识之；人不敢言之，我则言之；人不肯为之，我则为之。这是一种优游的气度，一种自由的情怀，一种人文的理想，一种追梦的执著。

第一，为学生的使命。于漪老师的一切工作都是为了学生的健康发展，为了这一目的，面对自己的教育、教学，她总是做有过推断。一辈子学做教师，上了一辈子令人遗憾的课，这就是她的胸怀。

第二，为教师的使命。没有高水平的教师，学校就不能为学生的成长提供高质量的课程服务；没有高水平的教师，学校就不可能持续发展。面对青年教师的发展，于漪老师总是做有为推断。不断地帮助，不断地指导，不断地提携青年教师。

第三，为学校的使命。作为校长，于漪老师不但自己有梦，还让师生员工都有梦，激发所有师生员工一起为着美好的梦想去努力，让学校的老师成为憧憬未来的追梦之人。为了实现美好的理想，面对学校办学过程中复杂的问题，她总是做有解推断，而且总是身体力行地参与解决一个个纷繁复杂的问题。

第四，为国家的使命。面对国家关于教育的重大政策、决策，于漪老师总是做有理推断，并努力宣传之、践行之。体现国家意志，以天下为己任，以民族为己任，站在为中华民族的伟大复兴的高度来思考教育。在她身上充分体现了中国教师的风格、中国教师的气派、中国教师的情怀。

用四个字归纳于漪文化，那就是"大家风范"。她担当起了为学生发展的使命——有过推断；担当起了为教师发展的使命——有为推断；担当起了为学校发展的使命——有解推断；担当起了为国家发展的使命——有理推断。

上海市宝山区的王天蓉老师讲过一句很有意思的话，她说如果一个课题是你的教育理想，你就可以对其进行终身研究。我们不少老师今天一个区级课题，明天一个市级课题，如果一辈子老老实实做一件事情，把你所有的精力都投入其中，就一定能够做好。一个课题做多久？做一辈子。它的关键在哪里？你要有志趣，要有情感、方法、信念、科学人文主义。

　　谢谢大家！

学校特色和课程文化

尊敬的各位领导、各位同行，上午好！非常高兴能有机会和大家一起聊这个话题——学校特色与课程文化。学校的主要工作在于课程，以课程来服务于学校培养目标、以课程来实现学校目标。课程是重要的一块。

今天是一个既活跃又混乱、既多元又分歧、既繁荣又芜杂的教育时代，我个人觉得，一线教师、校长首先要认清这是一个伟大的时代，如果只用一种声音说话，我们就要有忧患意识了。其次要明确，在这样的时代中我们要保持清醒的头脑，要有自己的定力，要有自己的基本判断力。面对专家、教授的说法，面对同行的经验介绍，我们脑海当中首先浮现的问题应该是"他是对的吗？""他如果是对的，适合我们吗？""他也许是对的，有其他问题吗？"理论也好，经验也罢，也许是对的，也许有些许错误，有些说法、观点从某种角度可能对我们有所启发，但是与我们学校的具体情况未必适应，我们必须保持基本的判断力。我们的判断力来自对本校实际情况的判断、对自身实际情况的了解，要在此基础上做出应有的判断。

例如，多元智能理论传播到中国后，教育界很多教授、专家、中学老师、校长都在谈多元智能理论。该理论的提出者加德纳到了上海以后感到不解——这个理论怎么会获得这么大的成功。加德纳向上海媒体提出了一个问题——能否解释多元智能理论在中国成功的原因。《上海教育》的记者这样回答他：美国人讲多元智能理论，是因为美国人想了解每个学生的强势智能，发展学生的强势智能；中国一部分家长、老师用多元智能理论，是希望发展孩子方方面面的强势。换句话说，一些校长、老师已经把加德纳的多元智能理论的概念偷换了。比如南京有一个小学生，小学毕业之后这个学生获得了 44 本证书，这 44 本证书可以说明这个孩子没有童年，从星期一到星期五被学校安排好了，星期六、星期天被家长安排好了，这是多元智能理论在中国的一个非规范性样本，也叫改造性样本。加德纳到北京参加多元智能理论国际研讨会时大声疾呼：千万不要把多元智能本身当成教育的目标。英国教授怀特海针对多元智能理论提出自己的批评："人类根本不存在多元智能，现有的智力划分理论是一些人无中生有的观念，教师以这种理论哄着学生以非传统的方式学习，一定程度上是对孩子天性的人为限定。"这番话讲得很有意思。教师对一个十几岁的孩子说："某某同学，你语言是强势智能。"教师在说这句话的同时等于在说："你语言是强势智能，其他方面的智能是不行的。"这不就是对孩子的天性进行人为的限定吗？

所谓智能肯定与先天的资质有关系，先天的资质影响我们的智能；另一方面，智能和后天的环境、学习也有密切的关系。我的性格原本非常内向，不愿意跟人打交道，后来当了老师，说话就多了，又当了校长，说话就更多了，说多了也就会说了。如果当年的老师说："程红兵，你语言不是强势智能。"那么今天我的话语能力该怎么解释？

很多教育理论对我们是有启发意义的，但是我们应该有自己的判断，有自己的思想，联系学校的实际，联系学生的实际，联系教师的实际。

我们从教育媒体上读到了很多学校的先进经验介绍，仔细研究你会发现，提炼出来的核心概念基本雷同，我们不断重复自己，不断炒作自己，不断同质化地发展。我在《中国教育报》上发表了一篇文章《千校一面万人同语——当下基础教育同质化现象批判》，说的就是这种问题。还有一个问题是，有些先进的经验把复杂的教学、教育现象抽象成一两句话，把复杂问题简单化，教育中的问题不是简单抽象的几个词、几句话就能解决的。面对复杂的教育教学问题，我们必须深入、具体、实事求是地分析。此外，有的媒体是只报喜不报忧，当然我们不能否认的确有很多成功的案例，但是任何先进经验都同时具有不足，任何改革都会带来新的问题，因此我们在汲取先进经验的同时，也必须保持清醒的头脑，看出问题所在，规避其不足之处。

我们当了十几年校长，对教育有一定的理解，但是忘记了当初为什么当校长、为什么当老师，忘记了教师、校长的最基本的意义是什么。纠正这一问题，最简单的思维方式就是回归原点。如果教师的作用、课堂的作用、学校的作用我们都回归原点考虑的话，很多问题就能迎刃而解，我们的判断力、理解能力可能因此得到提升。

比如，今天我们经常听到很多专家讲"学校教育要生活化"。学校教育中当然有教育，社会、生活当中也有教育，但这是两种不同类型的教育，学校教育是专门化、专业化的教育，生活当中的教育是非专门化、非专业化的教育，如果把专业化教育都划到非专门化、非专业化的教育当中，那么还要学校干什么？还要老师干什么？还要课堂干什么？"把课堂还给学生"，大家都认为很正常，但是仔细体会就有问题。什么是课堂？课堂最本质的特点就是老师和学生当下的即时性的交流，没有老师不成为课堂，没有学生也不成为课堂，没有老师和学生的交流就更不成为课堂，把课堂还给学生就没有了课堂。

今天都谈学校特色化办学，特色和什么有关系？

第一，和我们的思维方式有关系。

我们经常会产生这样一种思维方式：人无我有——别人没有但我有当然就是特色。沿着这种思维方式可以展开：人有我优——别人虽然有但是我做得好，所以我的学校就有特色；人弱我强——别人虽然有但是很弱小，而我很强大，所以学校办学就有特色；人少我多——别人虽然有但是很少，而我很多，所以我的学校就是特色。沿着这条思路做下去可以得出学校特色的概念，这个概念是对的，但是只用这样的思维方式思考问题是不够的。

其实反过来思考也是一种特色。我们换一种思维来想，人有我无，也是一种特色。例如，很多广告都会请大牌明星代言，美国纽约国际银行开张的时候也要做广告，有一天晚上纽约各大电台同时中断广告，播音员说："听众朋友，从现在开始是美国纽约国际银行向你提供的沉默时间。"紧接着，纽约所有电台同时中断十秒钟。这个广告没有请任何明星，但是效果非常好。从这个意义上说，"人有我无"也是特色。

再比如，很多名家、教学专家都有所谓的教学模式，上海的老师有教学模式，武汉的老师有教学模式，北京的老师也有教学模式，有人曾经问全国最著名的语文特级教师于漪老师的教学模式是什么，于老师说："我没有教学模式。""我没有教学模式"恰恰反映出教学艺术的真谛所在，丰富多彩的课堂教学怎能被一种模式所框住？在没有教学规范的时候要建立教学规范；当这所学校已经建立教学规范以后，矛盾就发生转化了，很重要的一点就是超越教学规范，不能用一个框子框住所有学生、老师，否则这所学校的教学就是一潭死水。

教学艺术中的"艺术"是指什么？在这里，艺术的含义是多元，不是纯粹单一模式，如果单一就不叫艺术。换一种思路也是特色。

第二，和培养目标有关系。

学校是培养人的，由培养什么人才确定学校办学特色。世界级的战略大师麦克·波特曾经说过："一个企业要想发展，只有两种战略，第一个是成本领先战略，第二个就是差异化战略。"我们劳动力太低廉，所以我们发展起来了，用马克思主义理论来说，其实就是榨取了大量农民工的剩余劳动价值获得了发展，这就是成本领先战略。如果说这是因为我们在起步阶段不得已而如此的话，还是好理解的，但是如果今后仍然这样，可能就有问题了，因为越南、马来西亚的劳动力成本比我们低。我们该怎么办？很重要的一点就是要实行差异化战略，也就是说我们和别人之间应该有差异。经济如此，学校也是这样，学校培养人，培养什么人就应该有差异化定位的问题。

我们要确定各自学校的培养目标，培养目标有校本化的问题，必须考虑地区经济问题、文化问题、市场需求、今后社会发展走向问题。我举一个很简单的例子：很多学校想到国际化发展思路，都想培养英语人才，都想为学生出国提供相应的服务而开设出国班，我们考虑这个问题的同时，请记住大家都这样做的话你就没有特色了。国际化发展是不是可以把思路打得更开一点？我们买了许多美国国债，美元不断贬值，我们买的国债也就跟着贬值。美元贬值我们该怎么办呢？是抛还是不抛？如果大量抛售美国国债，就意味着我们手上的美国国债立刻贬值；如果不抛售，则手上的美国国债就不断缩水。

钱往哪里去？两大地方，第一个是南美，南美很多国家发展非常迅猛，那里需要大量资金，但是我们缺少这方面的人才。大量的英语人才到那里不管用，巴西讲葡萄牙语，其他国家讲西班牙语，我们从小学开始，到初中、高中全部开设英语课程，到了那里不管用。语言是从小培养的，在这个时候，哪所学校能够开设葡萄牙语、西班牙语可能就是特色了。另外一个是非洲，非洲蕴藏着大量的资源，我们急需通晓当地语言的人才。非洲利比亚出事以后，法国人最着急，原因在哪里？非洲很多国家原来是法国的势力范围，所以他们讲法语。特色的形成不是一朝一夕的，而是长时间建设的过程。我们要充分考虑家长和学生的需求，考虑学校自身的条件，即所谓的客观基础、客观资源等等，做到"有所为而有所不为"，这是学校特色很重要的需求。

第三，与课程有关系。

培养目标确定下来之后，接下来的问题就是我们课程如何支持。必修课程怎么做？必修课程有没有校本化的问题？选修课程有没有校本化的问题？必修课程、选修课程要支撑学校培养目标，基础课程我们怎么做？研究性课程怎么做？这些课程都必须支撑我们的培养目标，都是为培养目标服务的。

第四，与教学技术有关。

现在，很多学校的办学条件比较好，在科学技术手段方面做了很多有益的尝试，有的学校全部使用平板电脑，从某种意义上说，教学技术手段的变化会导致整个学校课程、教学发生非常大的变化，形成独到的办学特色，这些和学校特色都有关系。

除此之外，学校特色还与什么有关系？什么东西是最核心的？换句话说，我们培养什么样的人才？这样培养出来的人才有没有文化？这样的培养模式本身有没有文化？产生这种现象的原因何在？

且看网上中国某初中生的宣誓词："踏过书山漫漫,渡过学海茫茫。我们带着梦想展翅,怀着向往奋飞。今天,创建文明校园,争做文明学生,我们不退缩,不彷徨。让我们燃起青春的烈火,迸发年轻的激情,面对老师和全体同学,立下不悔的誓言……"这种宣誓体我们相当熟悉,比这调子更高、气势更盛、语言更华美的,也不在少数,这种文章少了一种真诚,少了一种自然,少了一种文化。

　　看一看我们所培养的学生的话语方式、我们的课程、我们的教学、我们的考试题,问题到底出在哪里?说白了,学校有一种文化性缺失,课改也有文化性缺失。我个人认为,今天的课程改革在有些学校、有些方面有文化性缺失,课程改革往往停留在技术层面、方法层面、方式层面上。

　　技术重要吗?当然重要,但是技术不是最重要的,用现代技术整合我们的教学,这不是第一位的。方法重要吗?当然重要,但方法不是最重要的,我们做了很多教学方法的改革、教学模式的建立,而且不停地更新,但从哲学角度看,都是在技术层面、工具层面、模式层面上徘徊。根本问题没有改变,总是在技术层面、工具层面上做文章。用粉笔好还是电脑好?粉笔有粉笔的好处,电脑有电脑的优势,关键看用来干什么,即使没有粉笔和黑板照样可以上课,照样可以把一堂课上好。所以我说我们遵循技术的逻辑、工具的逻辑、形式的逻辑。前一阶段,我们的课程改革花费大量的时间、精力停留在这个层面,我们做这些事情肯定是有益的,但是如果仅仅停留在这个层面上,我们的课程改革将会进行不下去,只会停留在浅表化、简单化、口号化。上海教育界的一位老前辈吕型伟,他想问题很深刻,曾经把报刊媒体上各种各样的教育口号收集起来,如成功教育、快乐教育、责任教育、理解教育等等,共658种之多。这些口号有没有用处?肯定有用处。但问题在哪里?很多学校仅仅停留在口号层面上,导致改革深入不下去,简单化、形式化、浅表化。

　　教师培训发展到今天,几乎所有的老师都会说"一切以学生发展为本"。口号当然有一定的作用,但更为重要的是,必须把口号所包含的教育内涵转化为教师的教育言语、教育行为、教育细节才有意义。如果只是一味地喊口号,而没有改变行为,课程改革就没有办法深入下去,以致陷入一种困境，导致教育"异化"。

我们刚才举的例子就是教育异化的表现，教育陷入困境，有一种巨大的障碍，课程发展出现瓶颈，没有办法突破，原因在于文化性缺失。所以学校办学特色和课程文化有关系，这是关键所在。

我在苏州讲课时以太湖为例，太湖很美，人们围绕太湖建了许多楼堂馆所，但谁也不管不顾太湖本身的情况，结果有一天太湖水发臭了，那些围绕太湖所建的楼堂馆所还有多少意义和价值。

教育也是这个道理。我认为，口号只有转化成教育工作者的言语、行为、细节，成为一种文化行为才有意义。只注重教育形式上的变革，而没有真正在价值思想上发生变革，我们的课改很可能是低效的，甚至是负效果的。

文化赋予一切活动生命与意义，没有文化就没有生命，教育、学校、课堂也都没有生命。归根结底，教育就是文化的传承，课程改革就是为了更好地实现文化的传承。真正意义上的教育就是文化传承的过程，教育一旦失去文化，所剩下的只是知识的位移、技能的训练、应试的准备。

我曾经在小学教材里看到这样一个故事。

一个七岁的小女孩得了肿瘤，经过放疗、化疗之后基本康复，她要回到学校，重新走进教室，但是她不敢走进教室，因为她的头发全部掉光了。班主任知道以后，面对全班同学宣布："从明天开始，我们要研究帽子，请所有的小朋友都戴着一顶帽子到学校来。"第二天，这个女孩怀着忐忑不安的心情走进教室，看到所有的小朋友都戴着一顶帽子，她头上这顶帽子一点也不奇特，一点也不引人注目，她那颗忐忑不安的心就放下了，非常自然地坐在自己的座位上。

看到这则故事，我非常感动，如果让我面对这样一名学生，我首先要做的就是给这个孩子补课。一个负责任的班主任常常会这样想、这样做。那么我和这个故事中的班主任有什么区别？最大的区别就在于价值取向的差异。在我心目当中什么东西最重要？课程、知识最重要。在女孩的班主任心目当中什么最重要？孩子幼小的心灵需要得到精心呵护。我们之间的差异就是文化差异，你把什么东西摆在第一位，把什么东西摆在第二位，什么为主，什么为次，这就是价值取向，价值取向就是文化的核心，文化的核心就是价值思想。

价值思想附着在老师的言语当中、行为当中，它是关乎价值的，是形而上的东西。人为何而存？物为何而在？我们学校为什么存在？学生为什么存在？教师为什么存在？……价值思想从终极上思考这些问题，价值思想在具体言语、具体行为、具体细节当中表现出来。价值思想的缺席是最可怕的，是灵魂的缺席，一个缺乏组织灵魂的学校肯定是一盘散沙。

我们经常讲课程领导，谁都知道课程领导的含义，但是不要忽略课程领导很重要的意思就是课程文化领导，在这个过程当中，我们对老师、学生、家长也有价值思想的引领和价值取向的领导。所以我认为，课程领导和课程文化领导应该相伴而行。没有课程文化领导则课程领导是深入不下去的，没有价值思想的引领、价值取向的领导，课程领导可能低效、无效甚至反效。学校文化、课程文化的核心就是价值思想，价值思想是一个组织文化的核心所在，决定我们的方向。

课程改革到底为谁而改？我认为，课程改革应该是学校自觉的行为。怀德海说过一句话：每一所学校应该有自己的课程。这句话讲得很深刻。这次国家课程改革、上海市二期课改，和以往课改相比，这次课改了不起的地方是给学校一定的课程设置权限，虽然这个权力很小，但是从2009年开始上海市教委做了比较大的举动，给一些优秀学校在一些班级更大的自主权，50%课程设置自主权给了学校。要想真正实现所谓课程改革，没有课程设置的自主权一切都是空谈。我觉得只有自主课程改革才能成就自觉课程文化，自觉课程文化促使课程改革要深入到文化层面、思想层面、精神层面，不能停留在方法层面、工具层面、技术层面。

以上讲了自己的一些思考，接下来我要讲到底该怎么做。从2003年到2010年，我一直担任上海市建平中学的校长，做了一些尝试、探索，这些探索可能有可取之处，但是也有不少问题。

我们也喊了一些口号，比如：为了学生终身可持续发展，为了学生健康幸福地成长。我的前任——建平中学老校长冯恩洪说过：建平的教育要让我们的学生考上一流的大学，而且要在一流的大学里继续保持优秀。我在冯校长这句话的基础上延伸一下：为了学生终身可持续发展，今后走向社会仍保持可持续发展。为了学生健康、幸福、快乐地成长，冯恩洪校长讲过一句话：学校要用童心拥抱校园。教育者要拥有童心，就是要把孩子当孩子对待，核心要素是为了学生健康、快乐、幸福地成长。建平中学的高考升学率很高，我们想的是三年的高中生活，建平将留给学生什么样的记忆？哪些事情、细节给孩子们留下深刻的印象？学校能不能给孩子们留下美好的记忆、终身难以忘怀的记忆？我们期望的目标是：让每一个建平学生充满神圣和庄严，每一个建平教职员工都拥有归属感和幸福感。

建平的培养目标：自立精神、共生意识，科学态度、人文情怀，领袖气质。其中自立精神、共生意识，科学态度、人文情怀两两相对，而领袖气质是从整体上进行人格概括。

时代的发展提出新的人才标准，新的时代、新的人才标准需要我们确立新的培养目标，需要我们根据这样的人才要求和时代发展的背景提供新的教育服务。这充分体现出与时代发展、个体生命价值实现相协调的价值取向。

这里重点谈领袖气质。2003年我提出了领袖气质，很多同行不理解，认为上海最好的中学是上海中学，建平中学又不是上海最好的中学，你们凭什么提领袖气质？我们提出领袖气质是有基本考虑的。社会发展到今天，靠一个人单打独斗的时代早已经结束了，而团队精神的树立关键靠团队中的核心人物，即团队领袖。著名管理学家德鲁克早在1993年就提出：明天的学生必须为同时生活和工作在两种文化做准备：一种是"知识人"的文化，另一种是"管理人"的文化。教育必须让我们的学生做好这样的准备。

2001届一个毕业生，时任建平中学学生会主席，也是浦东新区学联主席，上海市学联副主席，他的理想抱负是做一名职业政治家，进入中共中央政治局。他是很有想法的，是心中有梦的人。他是当时建平师生员工中唯一一个自费订阅《人民日报》的人，他认为，要做一名职业政治家，就必须了解国情。中国是一个农业大国，要了解中国的国情必须了解农村的情况，他曾利用双休日走访了上海周边的农村，后来又利用暑假走访了井冈山、延安的农村，回来以后写了近两万字的报告《中国农村现阶段形势分析》。他为什么选择这两个地方？他是有想法的，因为这两个地方是当年闹革命的地方，是自然资源相对贫乏的地方，是农民最苦的地方，了解他们的情况，有助于了解中国农村的真实情况。他认为新中国成立以来党和国家领导人，第一代毛泽东、朱德、刘少奇、周恩来是"枪杆子里面出政权"，是打出来的天下；第二代领导人邓小平等基本上是第一代领导人的延续；第三代领导人是科技工作者，江泽民毕业于上海交通大学，李鹏曾留学苏联，朱镕基是清华大学毕业的。今后的发展走向是职业政治家治国，因此他是非北大法律系不考，他的理科成绩非常好，改考文科，2001年以上海市文科考生第四名的成绩考到北大法律系，担任学生会副主席。2005年本科毕业，他有许多选择，可以留校硕博连读，也可以选择美国一流高校硕博连读，但是他选择了中共上海市委办公厅，因为在这里可以了解一个执政党在国际化大都市是怎么运转的，可见他很有想法。

我们提出了培养目标，要实现这样的目标必须建立建平自己的课程，所有课程必须围绕培养目标，但是主观上有所侧重。心理健康和主体发展领域侧重于自立精神的培养，艺术审美和休闲健身领域侧重于自立精神的培养。当下，我们的孩子没有业余时间，星期一到星期五由学校填满，周末由家长填满，孩子没有休闲，就没有自立。

人与自然和人与社会领域侧重于人文情怀的培养，而重点是民族精神的培养。上海讲"两纲教育"，一个是生命教育，一个是民族精神教育，民族精神教育不能简单地贴上一个标签，我们是实实在在开设过很多课程。其中有一个重要的课程是"诸子百家选读"，目的在于给孩子树立民族之根的意识。中国最早的思想家、社会学家、教育学家都在诸子百家中，他们是中国文化的源头所在，我们应该让孩子们意识到：我是谁？我从哪里来？我们从诸子百家来，我们从唐诗宋词来，我们从悠悠五千年中华文明而来。哈佛大学著名政治学教授亨廷顿提出一个著名的文明冲突论观点，他认为冷战结束之后，意识形态的冲突被文明与文明之间的冲突取代。我不想评论他的所谓文明冲突论，但是我认同他的一句话——文明的指向你是谁。我们的孩子首先应该搞清楚自己是谁，自己从哪里来。

科学知识和科学技能领域，侧重于科学态度的培养，没有实事求是，没有批判精神就没有科学态度。不仅科学知识和科学技能领域侧重于科学态度培养，其他学科也要培养学生的科学态度。记得当时讨论《学习的革命》的时候，一个学生说这本书有很多富有启发性的学习方法，另一个学生说这本书不好，原因是书中说三个星期掌握一门外语，自己从小学三年级开始学外语，到现在还没有掌握外语。两个人争论起来，我正要站起来，另外一名同学站起来说道："老师让我们读这本书，是让我们吸取这本书的精华部分，至于封底上写的三个星期掌握一门外语，那是广告，你把广告当真你就傻了。"我们都说学校教育是培养人才，那么何为人才？所谓人才起码有一条标准，就是独立自主的主体意识。我们一方面说培养人才，但另一方面在日常教学中又不自觉地压抑人才。

　　中国文化和民族思想学习领域、西方文化和国际交流领域都侧重人文情怀的培养，我们希望孩子们具有世界眼光的民族精神。我们在开设诸子百家选读的同时，开设了《普利策新闻获奖作品选》这一课程，因为这是了解当下西方人价值趋向、西方人文化需求的一个非常重要的载体，借助它可以让学生读懂西方人。我们经常讲国际交流，所谓国际交流就是你读懂对方，让对方读懂你，这样才能真正交流，所以读懂西方人就要了解西方文化。

　　在中华文化和民族思想、西方文化和国际交流这两个领域中，我们设计了很多课程。

　　比如我们组织的南京之行就是建平中学的品牌课程，是建平中学高一学生的必修课程。在课堂上讲南京大屠杀和在南京大屠杀所在地讲南京大屠杀，孩子们的面部表情是不一样的，孩子们的内心情感也是不一样的。我们到南京有三个地方必去，即雨花台、江东门南京大屠杀死难同胞纪念馆、中山陵，然后让孩子们在南京自由活动一天。2003年，正当我们要去的时候，因非典风波而没有去成。到了11月份，这批孩子已经进入高二了，他们在我的办公桌上放了一封信，信中说：建平历届学生都到南京去了，唯独我们这届因为非典没有去，现在非典的风波已经过去了，我们强烈要求校方还我们这一课。这封信起码说明孩子们认同我们这样的课程，于是我们组织这批高二的学生浩浩荡荡去了南京。

2004 年，正当我们要去的时候，江苏省张家港市梁丰高级中学（当地最好的中学），组织学生异地春游，大巴撞在别人的房子上，有学生和老师当场死亡，于是江苏省教委、上海市教委、全国许多省市的教委纷纷发了红头文件，禁止学校组织学生异地春游。建平的中层干部找到我，说孩子们如何如何想去南京。我说："孩子们的合理愿望必须满足，这是建平中学的文化传统，更何况南京之行是我们建平的必修课程。"这个干部把上海市教委的红头文件给我看，我看后说道："作为下级单位，上海市教委的红头文件必须执行，别无选择。"那位中层干部愣在那里，问道："我们到底去还是不去？"我说："我们肯定去，原本 4 月中下旬去，现在改到 5 月 8 号去，五一长假到 7 日截止，因为上海市教委的文件讲得很清楚，'禁止学校组织学生异地春游'，而 5 月 8 日已经进入夏季。我们是夏季综合性社会实践考察活动。"我是语文老师，喜欢钻字眼，我也知道这次去不能有任何闪失，好在建平中学的干部、教师很有经验，一个副校长带队，一个中层干部、十几个班主任、一个校医带着这批学生去了南京，后来平平安安地回到上海。

西方文化和国际交流领域也有许多课程，我们组织学生利用寒假、暑假出国游学，我们还和美国纽约威郡合作，和德国汉堡合作，和法国巴黎合作，和日本东京明治大学合作交换学生。如果从高考的角度来讲，这个工作可以不做，因为我们到那里去学习，从学科课程的角度来讲没有必要去，但是对于孩子的成长很有必要。孩子们临走之前，我对他们说："你们走出国门，不仅仅是文化功课的学习，而且是全方位的文化感知，如果有心把每天的所见所闻所思所感都记录下来，这就是你成长的轨迹、人生的财富。"我第一次走出国门是在 2000 年到澳大利亚，回来以后写了一本书《走进澳大利亚教育》。半年后学生回国，一个名叫张圣豪的同学对我说："校长，我听了你的话，把每天的感受都记录下来，累计 20 万字，现在上海锦绣文章出版社要出版我这本书，请校长给我写序言，这本书的书名就叫'美不胜收——一个留美中学生的日记'。"看到孩子的书稿，我非常感动。

社会实践和社团活动学习领域，我们也开设了很多课程，以培养学生的领袖气质。我们请了英国大学的教授来开设领导力和思想方法论课程，我们自己的老师开设领导思维策略课程，我们让学生每学期至少参与学校行政管理两次。此外，社团活动也是我们重要的课程，它是培养学生领袖气质的很好的载体。

　　活动评比和学科竞赛学习领域侧重兴趣特长的培养。建平中学的老校长冯恩洪曾经提出"合格＋特长"的目标体系，我们仍然继承。通过活动评比产生特长生，通过学科竞赛产生特长生。

　　八大领域课程都是围绕学校总的培养目标，但是主观上有所侧重，否则我们提出的目标可能虚化、空洞化。每个领域下面都涉及诸多学科，每个学科下面又涉及诸多模块，我们一共有130多个模块，如何带着老师一个模块一个模块地建设，确实很难，搭建一个学校课程系统的框架相对比较容易，而把具体模块建设成学生喜欢的课程很难。

　　前面讲的主要涉及活动课程，下面我来讲必修课程校本化实施的问题。为什么要进行必修课程的校本化实施？因为任何教材都有先天不足，就是不可能普遍满足于所有类型的学校需求和学生需求。国家语委副主任、教育部语言文字信息管理司司长、语文课程标准的制定者之一李宇明教授在接受媒体记者访谈时说道：世界上本无理想化的东西，包括课标。也许把课标看成"和谐"的产物更合适，它要照顾不同学派和不同办学条件，要考虑人们的接受度和可操作性。比如，西部农村的语文教学同北京、上海等发达地区的就很难用同一尺度来衡量和要求。不必把课标看做语文教学的不二规范，最好把它看做一种指引，看做一种提倡。中国太大了，文化、教育发展很不平衡，不应该幻想用一个课标来通管天下。如果不考虑各种差异性，不提倡多样性，语文教学无论如何也活跃不起来。

　　课程标准尚且如此，更何况教材呢。一种教材让最好的学校满意了，那么相对薄弱的学校就一定会觉得教材太难了；反过来也是这样，一种教材让薄弱学校满意了，那么最好的学校就会觉得太容易了。因此，校本化实施是必然的选择。

　　我们实施的基本策略：一是抓住弱点。任何教材都有缺憾，教材的缺憾就是我们课程改革的切入点，就是我们课程建设的生长点。二是盯住要点。所有的学校课程改革目标在哪里？就在于促进学生人格健康成长。三是突出重点。就是突出学校独特的培养目标，校本化实施课程必须为培养目标服务。四是最终形成特点、形成学校特色。学校特色肯定体现在课程中，如果课程没有特色，那么学校肯定没有特色。

如何构建自己的教材？我们把现行所有版本的教材都拿过来，让老师们研究，如江苏版教材、人教版教材、山东版教材，诸多版本摆在一起让老师研究，老师就读懂了什么叫教材、什么教材有什么特长、什么教材有什么弱点，他就可以取各家之长为我所用、游刃有余。看完之后让老师讨论教材，大家认为各有所长，各有所短，怎么办？自己编教材。

建平中学自编的语文教材，第一个系列叫作成长系列，就是把和孩子们的成长有关系的精神养料的文章拿过来，按照主题分类。这类文章的教学方式也有不同，不进行常规的问答式教学，也不讨论写作技巧，而是以常态的阅读方式进行教学。今天的语文课堂最大的毛病在哪里？我称之为考试化模式。一篇课文的教学就是回答一连串问题，这种教学就像现代文测试一样，一篇文章有诸多问题，把诸多问题解答完就结束。很多语文老师说孩子没有读书时间，不是没有读书时间，而是读书方式不对。我们常态的读书方式是怎样的？一般人读书看到好的地方就把它画下来，一高兴就批上几个字，写上几句话，再一高兴就把它摘录下来，进而写出一篇文章。因此，所谓常态阅读就是读一读画一画、读一读注一注、读一读摘一摘、读一读批一批、读一读评一评，这样的读书方式就会让孩子的读书兴趣大增，从而愿意读书。

第二个系列我们称之为文学系列。精神养料文章无需讨论写作技巧，因为很多文章没有技巧，是从作者胸中喷涌而出的。文学系列就不一样，诗歌、小说、戏剧、散文按照体裁分类，我们以讨论鉴赏为主，从内容、写作技巧等方面进行审美鉴赏。不同文章有不同的学法，用同一种教法涵盖所有类型的文章，这是一种束缚、压抑，不是正常的教学。

第三个系列是文言文系列。先秦、两汉、唐宋、元明清，我们以史纲线为纵线，以文体线为横线，意在让学生形成关于中国传统文化系统而完整的知识序列。我们反对那种把文言文教材凌乱地放入各种所谓主题单元之中的做法，因为我们认为学校教育是专门化的教育，学校教育提供给学生的知识应该是系统的、经过整合的，我们希望通过文言文教学让学生对中国传统文化、传统文学有系统的概念，进而形成家园意识。

第四个系列是大家系列。选择文学史上、文化史上的经典作品，让学生重点研读。《论语》——对中国人影响深远的一部书、《史记》——被誉为"史家之绝唱、无韵之离骚"、《红楼梦》——中国小说的巅峰之作，莎士比亚、歌德、雨果、普希金、托尔斯泰，这些文学史上、文化史上的大家及其作品值得我们重点研读，语文研究性学习在这里体现。我们为什么要这样？今天的高中生崇拜谁？喜欢谁？《人民日报》2012 年 3 月 2 日载，来自中国青少年研究中心的最新调查显示，近七成少年儿童最崇拜的偶像是文艺、体育明星。这项名为"少年儿童的偶像崇拜与榜样教育研究"在北京、四川、陕西、河南、辽宁和广东 6 省市随机抽取城乡中小学发放问卷调查，调查对象为小学三年级至高中二年级的在校学生。调查显示，与选择明星为偶像相比，选择其他领域的杰出人物为偶像的比例只有13.7%，其中科学家占 2.3%，劳动模范不足 1%。有关专家认为，偶像和榜样伴随着少年儿童的成长，是少年儿童探索未来的参照，影响着他们思想观念的塑造和行为倾向。学校教育是主流的教育渠道，面对当下情况我们若视而不见，岂不是失职？我们希望文学史上、文化史上的大家作品，能够成为竖立在建平学生心中的一座座文化丰碑。

第五个是知识系列。语法、修辞、逻辑，字、词、句、段、篇，不可忽略。语文课改中有一种说法是淡化语法，淡化逻辑，我认为要适可而止，因为过于淡化将导致学生写出来的文章语言不规范，前后矛盾。

第六个是写作系列。我们的写作教学从小学开始就是教文章的写法，诸如如何审题、如何谋篇布局、如何选材剪裁，总是在教写作的技法，甚至陷入一种套路模式，让孩子写作文成了套作文。我们认为应该教给孩子思考问题的方式，而不是给他们一个个套子，因此我们的作文教学主要教学生如何思维，即思考问题的方式、方法。

我们的语文教材有两个特性，第一是经典性、研究性。我们选择大师的作品，是因为大师的人格自有一种气质魅力，能启人心智，摄人心魄；同时大师的作品还有研究的价值，其灵魂超凡脱俗，其思想深刻悠远。

法国前总统萨科奇在刚刚上任的第一年，新学期一开学，他给法国85万教师每人发了一封信，倡导重建学校，希望教师培养孩子对真善美事物的欣赏、对伟大与深刻事物的欣赏，对假恶丑事物的厌恶、对渺小与平庸事物的厌恶。

一个民族的精神发育离不开大师的精神引领，如果我们连大师的作品都不读，怎么接受引领？如果高中生不读经典作品，到大学后学理工科，再不去读大师作品，那么这些孩子的人文积淀也许只是中学的几篇课文了。

真正的大师留给我们精神的宝贵财富，制造的大师掏空了我们的钱袋；英雄让人反思自身的存在，而偶像却让人迷失自我。

尼尔·波兹曼写过一本书《娱乐至死》，他说，有两种方式可以让文化精神枯萎，一种是奥威尔式的——文化成为一个监狱，另一种是赫胥黎式的——文化成为一种滑稽戏。后一种导致文化工业的出现。法国哲学家阿多诺认为，文化工业是将数千年来泾渭有别的高雅文化和低俗文化，硬性捆绑在一起，结果是两面不讨好：为求效益，高雅文化的严肃性被摧毁殆尽；而为文明计，低俗文化原有的那种离经叛道本能，也被磨平了棱角。结果只能是两败俱伤。

阿莱克斯说，老师是教师，不是教学技师。教学不仅仅是一门技术，还需要教学理论、哲学、文化的支撑。如果教师对教育理论、儿童心理学、教育哲学、教育历史以及学科知识没有掌握，他们也不应该进行教学。教学不能被简化为科学。我们选择什么教给学生，以及如何去教，部分地是道德问题。教学无法被降低为实证的研究。所谓教学的科学方法几乎从不关注教学思想，从不主张师范生学习维果茨基、涂尔干或杜威，而是把教学降低到没有教学理论之基的课堂管理和技术。

这个要求很高，但是我们必须朝这个方向努力，缺少这些，教师怎么知道该教什么，教什么是第一位的，以及某种学习对孩子的重要性。

我们的语文教材第二个特点是自主性、生本化。教材不是老师一方面编成的，而是老师和学生一起编成的，是师生共同构建的语文课程。什么是生本化？即满足不同学生的不同需求，每个学生的教材都不完全相同。方式就是给孩子们留白。当下的教育把学生的时间填得很满，我们的教材特意给学生留白，留给孩子点评的空间、批注的空间、剪贴的空间，孩子们在课外阅读时发现了更好的文章，可以复印、剪贴在课本当中。我们还专设了学生自主学习模块——自然情怀、人文修养、科学教育、社会文化，四个模块由孩子们自编教材。事实上，孩子们完全有能力可以自编教材，今天家庭打印机很普及，打印一本教材根本不在话下，在编教材的过程当中孩子们收获了许多东西。新华社记者曾拍了一张孩子们拿着自己编的教材上语文课的照片，照片上孩子笑得一脸灿烂。

科学教育这个模块，孩子们编了电子期刊教材，他们从网上下载了电子期刊的模板，把相关内容全都编在一起，有文字的，有图像的，有音频的，有视频的，效果好极了。更重要的是，学生在编辑加工、编写教材过程当中，收获了在传统教学当中不能收获的东西。

上海使用牛津版的英语教材，好处是强化英语的应用性和交际功能。比如你走到英国、美国的餐饮店，要点一个菜，怎么点，整个过程再现出来，生活气息非常浓厚。学校运用这套教材很快就能提高学生的交际能力，但是这套教材也有不足之处，它强调交际功能，弱化了育人功能，从精神层面上教育人的功能弱化了，强调生活气息，弱化了经典气息。我们刚才讲课改就是要抓住教材的弱点，教材的弱点就是我们课程改革的生长点。

我觉得教育者应该有三问：第一，事实层面教什么？只有明白事实层面教什么，你才能真正进入课程层面。第二，技术层面如何教？很多老师、学校都在忙于技术层面的问题，却不知道如何教。第三，价值层面为什么教？只有进入这个层面，才能进入课程文化的层面，为什么教这个，为什么不教那个，你到底教什么，这很有讲究。现在，很多学校只停留在第二个层面。归根结底，课程改革是文化的再造，因为课程本质上不是价值中立的，不是纯粹的知识活动，不是简单的知识选择，不是单纯的知识组合，它一定是有价值参与，体现作为主体的老师和学生应该具有的一种价值判断、价值赋予，体现作为文化主体的自觉。校长、教师、学生是学校的文化主体，教材、教学都要体现主体的文化自觉。

所以，我们选择的教材试图实现三个统一：工具理性和价值理性的统一，交际功能和育人功能的统一，生活气息和经典气息的统一。

我们的文化英语教材，第一个系列也是成长系列，将那些和孩子们成长有关的精神养料的文章，按照自信、理想、幸福、成功、关爱等主题组合起来。我们回答以下问题：如何克服生活中不尽如人意的困难，甚至是悲剧性的困难？如何获得心灵的平静？什么是你的精神食粮？什么是人生的基本原则？如何创造自己的精彩人生？怎样发现自我、接受自我、强大自我？怎样享受阳光，怎样享受光明？怎样树立社交信心？如何培养领导精神？一个缺乏抱负的世界将会怎样？

我们不在乎学生是否有高分，有高分当然更好，但是我们一定要在乎学生是否有教养，我们的教材既要培养他们的能力，也要培养他们的文化教养。我们不在乎教师是否有高学历，有博士文凭当然更好，但是我们一定要在乎教师是否有学养，是教师而不是教学技师，不是只会解题。我们不在乎学校是否有现代化的设备，有当然更好，没有也无所谓，但是我们一定要在乎学校是否有文化，老师有文化，课堂有文化，学生有文化，整个校园有文化。

数学课程建设。建平中学的数学课程有三个系列：数学大师系列、数学实践与探究系列、数学文化系列。

数学大师系列包括：了解数学大师、接触数学大师、感悟数学大师、追踪数学大学。

了解数学大师——选择部分中外著名的数学大师，让学生在大师的成长经历中，学习数学大师的科学精神。接触数学大师——在学生现有的知识平台上，了解一部分数学大师的重要成果，以及这些成果对人类的贡献。感悟数学大师——感受数学大师发现问题的情境，思考问题的角度，探究问题的精神和解决问题的方法，尤其是在当时没有计算机（器）的情况下，他们是怎样保证其成果的精确度。追踪数学大师——现代人如何追踪数学大师的足迹，探究未知的科学领域，为人类文明的发展做出贡献。

我们为什么要开设数学大师系列课程？这与语文课程的文学大师一脉相承。毕达哥拉斯的勾股定理，欧几里得的逻辑推理，笛卡儿的笛卡儿坐标、笛卡儿曲线，牛顿的微积分、经典力学，莱布尼兹的行列式、函数，哥德巴赫的哥德巴赫猜想，欧拉的欧拉常数、欧拉公式、欧拉定理，高斯的等差数列，罗巴切夫斯基的几何学，阿贝尔的用根式求解五次方程的不可能性问题，康托尔的集合论，希尔伯特的格廷根学派……一个个闪光的名字成为矗立在建平学生心中的一座座文化丰碑。我们的目的在这里。

数学实践与探究系列。游戏中的数学———从游戏出发，提炼出游戏中所蕴含的数学原理，以此指导学生揭示游戏中的奥秘，激发学生学习数学的兴趣。生活中的数学——培养学生观察问题、发现问题、提出问题和解决问题的能力，逐步形成"带着眼睛观察问题，带着脑袋思考问题"的习惯，生活中处处有数学。形态中的数学——通过对各种物体形态的研究，培养学生从定量分析上升到理性思考，从而提高学生的实践能力和创新能力。设计中的数学——设计是人们生存的必然需求，如建筑设计、商业网点设计、密码设计、军事基地设计等等，所有的设计都蕴含着"最优化"的问题。用数学方法诠释设计的玄机，促进学生更新理念，使之成为创新人才。

数学文化系列：数学与文学、数学与音乐、数学与美术、数学与体育。长期以来我们认为数学与文学、音乐、美术、体育没有任何关系，其实不然。朗朗到美国音乐学院学习时，既要学钢琴，学音乐，同时还有莎士比亚作品选读，这个还好理解，文学和艺术是相通的。此外，他们还开设微积分、高等数学，这一点我们没有想通，音乐和数学怎么会有联系呢？美国人认为数学是人类对世界、对生活的抽象理解和表达，音乐同样如此，它们在高位状态下是相通的。我们的教育培养了很多工匠式的人物，却少有大师，我们把教育切成一小块一小块的，没有给学生搭建宽广的文化平台，怎能培养出大师？

课程改革有三个脑障，一是视而不见，因为头脑中根深蒂固的观念——心智地图限制了他们的眼界和看问题的角度。要克服这一脑障，根本方法就是改变心智地图，通过不可逃避的体验让人们刻骨铭心地感到原本正确的事情变得不正确了。我们有两种方式：一种是课程改革，让全员参与，没有旁观者；另一种是将教师送到国外去体验学习，这些不可逃避的体验会对教师产生较大的冲击，感受另外一种教育方式，比较东西方教育的不同，使他们改变自己的心智模式。

二是知而不行，即知道是对的，但是不去做，因为他们怕做不好就没有回报，做了也白做。要克服知而不行的脑障，就要在明确目标的基础上，让人们相信他们有足够的资源和能力把事情做好，并且能够得到应有的回报。

三是行而不达，即虽然做了但是达不到那个效果，克服办法就是支持和沟通。支持是全方位的，包括提供必要的资源和心理支持；沟通也是全方位的，不仅要报告好消息，还要报告坏消息。老师既然做了，你就得支持他、帮助他，让他获得成功，这样他才能坚定不移地走课程改革之路。2009 年上海市评选特级教师，建平中学有四位老师同时评上特级教师，这在上海市基层学校中是绝无仅有的。所有申报特级教师的老师，我都要亲自审读他们的申报材料，有的我亲自操刀帮他修改，甚至将之推倒重来。通过第一关的老师，我给他们做模拟答辩，我们的老师习惯于考学生，却不习惯被别人考。2011 年上海市评选特级教师，建平中学的老师又来请我帮助，我非常乐意。

建平中学的老师们重新思考学科，重新研究教育教学，是全过程的研究，而不是局限在一个方面的研究，所以老师们得到提升，教育质量也不断提高。学者托马斯·古斯基说过：教师获得真正的专业发展，特别是在观念上发生改变的前提一定是因为实施了某项改革，使得课堂教学有了明显的改善。而不是传统的教师发展理论所认为的，先通过"洗脑"改变教师观念，然后才有教学效果的改善。

课程改革生成教师团队文化，因为有自由，所以思想活跃；因为有民主，所以积极参与；因为有倾听，所以善于表达；因为有宽容，所以敢于挑战；因为有责任，所以乐于奉献；因为有归属，所以形成合力。我们有建平教育沙龙，每个月最后一周的星期四晚上，公布一个话题，有兴趣的老师留下来，校长就是倾听者，老师表达出他们建设性的意见、建议，学校每一项重要改革都有他们的参与。

我们深知：从文化变迁的角度而言，课程文化是课程中最为稳定的领域，课程文化是复杂的，课程文化变革也将是非常艰巨的。课程改革与课程文化建设任重道远，需要我们持之以恒地自觉践行之。

　　谢谢大家！

学校的教学领导

为什么要谈学校的教学领导呢？因为我觉得教学还是非常重要的。现今很多校长喜欢谈大概念，谈文化，谈个性化办学、特色化发展，也有很多校长喜欢谈非常宏观、空泛而又不是很贴合实际的东西。我觉得，对校长而言，除了要更新理念之外，更重要的是你是否了解教学，是否能领导教学。这个很关键。

我们今天都在谈课程改革，课程是什么？我觉得课程是个立体的东西，它包括教学、课堂、教师、学生、教材及其他各种各样的教学资源。教学是个过程，相对于课程而言，它是线状的，包括从开始的备课、上课，到作业练习、反馈辅导、测试评价等方方面面。相对于教学而言，课堂是个点状的东西，是整个教学过程当中一个非常重要的环节。我们经常讲聚焦课堂，"焦"就是焦点，因为课堂重要，所以要聚焦。

我们进行课程改革，千万不能忽略了课堂这个重要的点，更不能忽略了科学化的、充满人情味的、着眼于学生和教师发展的整个教学过程。

一、学校领导的观课评课

我们都在讲课程改革，都在讲教师的专业化发展，但我们教师的专业化发展从哪里起步？最终指向何处？归宿在哪里？校长也罢，分管教学的副校长也罢，教务主任也罢，作为一个权威人士，你走进老师的课堂，听完一堂课后对老师有什么样的评价？对老师的那堂课有什么样的感想？又对老师的课堂教学有什么样的点拨指导？说实话，老师一般都很期盼校长来听他的课，给他切合实际的指导。假如你听他的课不能给他切合实际的指导，他是不欢迎你听课的。所以，我们学校领导的观课评课能力亟待提高。

上面的话不太好听，因为我们现在的校长更喜欢谈大概念，学校文化建设、多元智能理论，以及搞一些大而空、空而泛的东西，但我觉得课堂才是最重要的。

我为什么要从课堂说起？为什么要从观课评课开始说起？因为我觉得作为教师而言，首先在课堂上要站得住，学校也是如此，站得住了我们才可以考虑走得稳。我们有些学校连站都站不住，有些老师连站都站不住，就开始飞了，那不是玩命才怪！首先要站得住，然后考虑跑得快，完了之后考虑跳得起来，最终才考虑是否能飞得更高。也就是说，我们必须循序渐进。如果一味地好高骛远，而根基没有打扎实，摇摇晃晃、踉踉跄跄，在这样一种状态之下你说学校教育能做得好吗？肯定是做不好的。

回到原点，评价课堂的原因是什么，目的在哪里，我们走向何处，这些都要搞清楚。我们评价课堂的最终目的在于促进教师专业化发展。所有的评课都是为了这个目的进行的，而不是为了给教师分档次，不是为了给教师发奖金，不是为了给教师贴上一个黑或者红的标签，你是为了促进他们的发展。如果基于这样的考虑，我想我们的教师容易接受。

（一）专家怎么评价课堂

华东师范大学有一位著名的教授叫叶澜，她说好课有五个"实"。

第一，扎实。什么叫扎实？即要有意义。课堂要有意义，如果上了半天都是没意义的话，就不是好课。这是最基本的标准。打一个不太恰当的比方，如果一个学生生病请假两周，病愈之后回到学校，他最想补的课常常是他认为有意义的课。为什么说是"常常"？因为不排除有的学生过于功利以高考或中考为标准，不能绝对化。学生最不想补的课，常常是他认为最没有意义的课。今天老师的课，你说完全没有意义的确很少见，但是有些课的某些环节没有意义、没有价值，这并不少见。我们在课堂教学过程中，在听课观课的过程中，会经常发现这样的例子。随便举一个例子，我去听初中的一堂语文课，讲的是《天上的街市》，这是郭沫若的一首诗歌。老师怎么上课的呢？一上来就用电脑投影出一幅非常漂亮的天上的街市的画面，然后问了同学们一个问题："同学们，这是哪儿的街市？"全班同学异口同声地回答："这是天上的街市。"这样的问答肯定是废话，这个问题是没有价值的。我去听一堂散文教学课，讲的是朱自清的《春》，一上来也是用电脑呈现出一幅非常漂亮的春天的画面，然后老师提了一个问题："同学们，春天是怎样来的啊？"我在下面听课，心想，春天是怎样来的这是天文学问题，这应该是地理老师问的，语文课怎么会问这样的问题呢？哪知道全班同学异口同声地回答："春天是盼望中来的。"因为课本上是这么说的。提问毫无价值，这个环节根本没有意义。

第二，充实。什么叫充实？即要有效率，课堂要讲效率，要切实解决问题，要尽可能地解决更多的问题。有些老师的课始终上不完，原因在哪里？课堂教学效率不够高，所以总觉得课不够上，总喜欢抢课上。校长有时候会碰到这种情况，老师会主动提出来："对不起，校长，我们的课上不完啊，你能不能给我们增加课时？"上不完课经常是因为什么？因为课堂教学效率不够高，所以才要增加课时。

第三，丰实的课。什么叫丰实？即要有生成性。课堂最本质的特征就是师生之间的对话交流，对话要生成新的东西。我们的老师在课堂教学过程当中可能预设了不少东西，但在课堂上，老师和学生对话过程中经常会出现新的碰撞，它能够产生新的东西，是十分有价值的东西。只是我们有些老师在这方面不太注意，一不小心就把孩子创造性的新想法压了下去。

我现在喜欢到小学去听课，喜欢到幼儿园去听课。有一次我到一个非常好的幼儿园去听课，老师带着孩子们讨论六种动物需不需要穿衣服。讨论下来，最后的结果是大家一致认为那六种动物都不需要穿衣服。这时候有个小朋友举手说："老师，蛇也不需要穿衣服。"我听到这里非常开心。这堂课成功了，通过老师和学生之间的对话，孩子形成了一个新的想法。谁知道我们的幼儿园老师说了一句："对不起，今天我们不讨论蛇的问题。"一下子就把孩子的新想法压了下去。我在评课的时候不客气地说："幼儿园有必要这么课程化吗？有必要这么目标集中吗？你怎么能这么随意压抑孩子？如果你一直是这样教学，或许孩子们从此就养成这个习惯，认为在老师上课过程中是不能随便产生新想法的。"孩子所有的创造性、所有的想法可能从此就被压制住了。还谈什么创新精神的培养？还谈什么个性发展？

第四，平实的课。什么叫平实？即在常态下。我反对那种作秀的课，公开课不是表演。把课上得漂亮一点，可以，但是不能脱离常态。我觉得研究常态课比研究表演课效率高、价值大。原因在哪里？研究常态课对我们平常的课非常有指导意义。

第五，真实的课。什么叫真实？即有待充实，换句话说就是有遗憾。全国著名语文特级教师于漪老师，在80多岁高龄时说了这样两句话："我当了一辈子的老师，我一辈子学做教师；我上了一辈子的课，我上了一辈子令人遗憾的课。"这么著名的老师尚且说出这样的话语，更何况我们呢？我们有点缺点、有点毛病、有点遗憾，这说明真实。我们有些公开课表演到什么程度？连学生回答的问题都是事先安排好的。十全十美的好课就是假课，就像包治百病的良药一定是假药，一定是张悟本之流开出来的药，是没有价值的。

什么叫好课？华东师范大学的崔允漷教授提出来一个观点：让学生的学习增值。课堂要实现让学生的学习增值的目的。这是借用了经济学的"增加值"的概念。变革前是 A1，变革后是 A2，A2 减去 A1 就是增值。那么要增加课堂学习的什么值？

首先是动力值。我非常认同这个观点。什么叫动力值？所谓动力值就是孩子上了课以后产生了强烈的学习愿望，对那位老师的课产生了兴趣，进而对那门学科产生了兴趣。

其他的还有方法值、数量值、意义值。什么叫方法值？孩子学到了一些新的方法。什么叫数量值？孩子增加了一些知识，增加了一些技能。什么叫意义值？孩子学的东西是有价值的，是受用的，或许是终身受用的。这就是所谓增值。

福建师范大学中文系的孙绍振教授说："中学语文课最容易变成废话集散地。"这句话表明什么？表明他是站在教学效率的角度上评课的。他发现很多语文老师上课爱讲废话。什么叫废话？就是孩子们已经懂得的道理，教师仍在喋喋不休、没完没了地讲个不停，所以课堂成了废话集散地。他说："中学语文教学严重无效，至少可以说是低效，师生的生命浪费是世界之最。"语文老师出身的校长都知道，中学语文老师比较佩服孙绍振教授，我们在备课过程当中经常要看看他是怎样来分析、赏析名家名篇的，是站在哪个角度来考虑问题的。

而专家又是怎么评价教师的呢？

第一，"脑中有纲"。什么意思呢？脑中有课程标准的概念。为什么要有课程标准的概念？也就是对学科教学有个宏观的立体的整体的把握。现今老师都是怎么备课的？常常是明天要上什么课，今天晚上来备课。稍微好一点的老师，会根据下一个单元要上什么，提前一周备课。但很少有老师从宏观上进行整体的立体的把握，依据学科教学实际，区分出在高中一年级时应该做什么，在高中二年级时应该做什么，在高中三年级时应该做什么。

第二，"胸中有本"。什么叫作"胸中有本"？它有两层含义：

一是心中有教材，对教材非常熟悉，滚瓜烂熟。于漪老师1951年毕业于复旦大学教育系，毕业以后分到中学当历史老师，后来由于工作需要改行当语文老师。于老师想，教语文自己不是行家，不是专业出身，怎么办？她一方面恶补中文系的课程，另一方面上课之前一定要把要讲的那篇文章背下来。再比如，上海市有一位高中语文教研员叫步根海，他到基层学校去上课，上课之前也一定要把要讲的课文背下来，一上课，全班同学目瞪口呆。

很多优秀的教师上课，讲桌上放着教案、教材，但基本上不看。优秀教师绝对不是看书教书，而往往是看人教书，看着学生教书。

二是要对教材做比较研究。我在建平中学担任校长的时候，把国内各个版本的教材统统拿过来让老师研究。上海市用上海版的教材，我就把人教版的教材、语文出版社版的教材、江苏版的教材、山东版的教材统统拿过来，放在一起让老师们比较。把所有的教材摆在一起比较，老师们就读懂了什么叫作教材。单看一本教材他们没感觉，当把诸多教材摆在一起的时候，他们可能就豁然开朗，知道什么叫作教材了，而且在教学过程中也会不自觉地把各家之长拿过来为我所用。比如讲到某一个点的时候，江苏版的教材其实很好；讲到另外一个点的时候，可能人教版的教材很好；讲到其他点的时候，可能上海版的教材很好。拿诸家之长为我所用，自己讲起课来便游刃有余。

现在国内翻译了美国的语文教材，我就推荐给老师们，让他们看一看美国人是怎么编语文教材的。我还把老师们派到台湾去，让他们看看台湾的语文教材是什么样的，看看台湾的语文教学是怎么进行的。通过广泛的比较，老师们就读懂了什么叫作教材，就能游刃有余。

第三，"目中有人"。什么叫"目中有人"？即心中有学生。教学是基于学生的教学，是为了学生成长的教学。基于此，我们必须了解学生的需求，针对学生的情况设计我们的教学。这个说起来容易，但是实际做得并不理想。

有一次我到上海市某重点中学去听课，一下午我连续听了三节课。完了之后让我评课，我就不客气地说："三位老师在课堂上分别向孩子们提出了诸多问题，但是没有一位老师在课堂上让学生提出哪怕一个问题。不让学生提问题，你怎么知道学生的问题在哪里？你不知道学生的问题在哪里，你怎么基于学生进行教学？"

我们曾经做过调查，问学生在课堂上是否经常感受到跟老师有眼神的交流，结果只有9%～11%的孩子有这种感觉，很多孩子根本就没有感受到老师在课堂上跟他有眼神的交流。这就有问题了。

第四，"心中有数"。"数"就是差异。每一个学校的学生都是不一样的，每一个班级的学生也是不一样的，学生跟学生之间是有差异的。如果我们不了解学生之间的差异，我们的教学就很难进行，换句话说我们就不能针对学生的实际情况进行教学。

第五，"手中有法"。学生是有差异的，我们就要采用相应的方法，进行有效的教学。

（二）学生怎么评价课堂

学生在课堂上希望听到三种声音。

第一种声音：掌声。孩子们希望在课堂上能听到来自老师或者同学的深刻而精彩的见解，简便而有效的解题思路和解题方法，能让自己有所感悟。学生在你的课堂上听了半天，然而一句精彩的话都没听到，一次可以，两次可以，十次、二十次他就会很失望。这个要求不过分。如果你从外地赶到北京去听专家的课，没有一句话能打动你，你也会感到很遗憾的。换句话说，我们的孩子有这样一种期盼，有这样一种要求，其实是非常好理解的。

我听小学和初中的课，发现当学生回答问题正确时，老师就组织学生鼓掌，而且这个鼓掌是很有节奏感的。但是这是组织起来的，换句话说，不是孩子们发自内心的掌声，这个掌声的意义就不一样了。

第二种声音：笑声。学生们希望听到生动而精彩的课，这会让他们产生兴趣。我们作为老师应该了解学生们这样一种期盼的心理，他们希望听到笑声，希望听到老师幽默的话语，希望课堂充满生机、充满幽默、充满欢声笑语。这个要求也不过分。

复旦大学有一次组织学生无记名投票，喜欢哪个教授的课，就可以把票投给那个教授，最后选出受学生欢迎的十大人气教授。得票最多、排在第一位的是陆谷孙教授，很多人用过他的书，他是《英汉大辞典》的主编。有人问："陆老师，您的课为什么让学生们这么喜欢？"陆老师想了一下说："我每堂课一定要让学生大笑三次。"

这是有道理的。很多老师希望从上午的第一节课开始，到下午的最后一节课结束，学生的思维都能高度集中，这可能吗？是不可能的。孩子是要走神的，是要休息的，是要想心事的。换句话说，优秀教师上课上到一定程度的时候，会有意识地开个玩笑，把全班同学逗笑了，让孩子们的大脑集体放松一下，然后重新回到课堂，大家感到神清气爽。

我喜欢开车，如果连续开车两小时，我一定要停下来休息一下；如果是驾驶员连续开车两小时，我一定要提出来："对不起，我要上洗手间。"也许我没有这个需求，但是驾驶员需要休息一下，他去上一趟洗手间，他去抽一根香烟，他去散一会儿步，他去喝会儿茶，他去洗把脸，他绷紧的神经就放松了，然后重新回到驾驶座，神清气爽。交通事故多半是连续驾车两小时以上发生的，除了醉酒的以外。我们曾经做过调查，问孩子们最喜欢什么样的老师，学生回答："最喜欢有幽默感的老师。"

第三种声音：辩论声。今天的学生和过去的学生不一样了。我记得我们当年读书的时候，老师说什么就是什么，老师上课讲什么，我们就记什么，最后考试就考什么。但今天的孩子不一样，个人的主体意识觉醒了，他们希望说一点自己的看法，说一点和老师不一样的观点、和教材不一样的观点，甚至想和老师辩论一番。这是成长的标志。换句话说，如果班里没有这样的孩子，我们倒要反思一下教学有没有问题，我们是不是压抑了孩子。

2008年上海市选了十位校长，让我带队到美国加州去考察。我们走了几十个学校，并到了加州理工学院。在《泰晤高等教育》推出的2013年的全球大学排行榜中，加州理工学院排名第一，排名第二的是剑桥大学，排名第三的是哈佛大学。我们到加州理工学院，参观了一个著名的心理实验室。这个心理实验室原本是为美国军方服务的，后来也用于学校教学了。上课过程中，学生头上戴了一个像帽子一样的仪器，老师在电脑屏幕上点到谁，就能知道那个学生的实际情况——他的思维是空白的、困顿的，还是非常活跃的、流畅的，马上就能看出来。他们经过大样本的调查研究发现，课堂教学中什么时候学生思维最活跃？是学生在辩论的时候。教学效率最高是在什么时候？是孩子们跟老师进行辩论的时候。想想看，当孩子和老师进行辩论的时候，他会把自己大脑中所有的细胞全部激活，想方设法地战胜老师。所以他的思维非常活跃，教学效率也最高。很多有经验的老师在上课过程当中会有意识地、故意地留一个破绽给学生，让学生跟他进行辩论。一辩论，学生就充分活跃起来了。

我当校长的时候仍然上课，从高一上到高三。我2003年担任校长，当时区委副书记、区委组织部部长找我谈话，说："建平中学是全国著名学校，你要把主要精力放到学校管理上，至于课你就别上了。"领导的话我姑且听之，频频点头，回到学校我仍然上课。我为什么上课？我想，校长上课其实很有好处：

第一，保持自己的职业敏感力。校长要管一所学校，要领导学校的课程改革、教育教学，但很重要的一点，你知道教学吗？你了解课程吗？这个职业敏感力来自哪里？来自课堂。

第二，我们知道当校长有很多烦心事，我排遣自己烦恼的方式就是走进课堂。跟孩子们在一起，我非常开心，非常自由，非常愉快。

（三）我怎么评价课堂

我对课堂评价是从三个维度去考虑：第一是看目标，第二是看过程，第三是看结果。

1. 看目标。

看目标就是看老师这堂课想干什么，这堂课的目标指向是什么。而且我们要追问一下，为什么要有这样的目标，确定目标的依据在哪里。

根据在哪里呢？最重要的是来自学生。课堂要基于学生进行教学，课堂的目标首先应该是学生的目标。第一位的是学生，其次考虑教材，再次考虑教师。目标根据什么设立？根据学生的情况设立。我们再追问一下，这样教学是否符合学科特点？现在课程改革之后有些老师的课不对了，种了别人的地，荒了自家的田，这就成问题了。语文课不像语文课，数学课不像数学课，这就不对了。基于此，我们要给课堂下一个判断——对还是不对。我们再追问一下，这个目标是否符合课程标准的要求？课程标准讲三维目标，我们现在很多老师的教学目标就是三维目标：一是知识与能力，二是过程与方法，三是情感态度与价值观。请注意不是机械对应，三维目标是需要整体地系统地来把握的。基于此，再给课堂一个价值判断——好还是不好。

解决完这些问题之后，我们来谈谈教学目标这个环节在当下存在的最主要问题是什么。那就是目标模糊，不知道想干什么。写在教案上，第一、第二、第三清清楚楚，但呈现在课堂上是乱的，不知道到底想干什么。

之前我到上海市一所著名的中学去听一个老师的课。那个老师是30岁左右的女教师，气质非常好，而且她和学生的关系也非常好。老师大概事先跟孩子们说了有一个专家要听自己的课，希望大家配合好。由于她和学生之间关系非常好，所以在课堂上我就发现学生是非常配合老师的。上课时孩子们不断举手，争着回答老师的问题，但始终没有回答到点子上。老师不断启发，孩子们不断举手……我发现孩子们急得满头大汗，那个老师也是急得满头大汗，我在下面听课，我的额头上也出了汗。下课以后我就不客气地批评那个老师，我说："对不起，你辜负了这帮孩子对你的这番爱，孩子们多么想帮你，多么想让你在专家面前有面子。但是你发现没有，这堂课孩子们为什么始终回答不到要点上？因为他们始终不知道你到底想干什么，不能明确你的目标，所以他们不能跟你进行有效的配合，所以这堂课基本上等于无效。"

目标模糊导致这堂课没有效果，那该怎么办呢？目标模糊也是有办法的。

一是成就的证明。什么叫成就？成就就是可以观察到的学生行为，看得见摸得着的行为，所以我们用外显的行为动词来表述。比如让孩子们列出什么，给什么下定义，学会计算什么，演示什么。数理化老师经常用这种方式，但是文科老师不善于用这种方式。当然这与学科之间的差异有关系，但我觉得有些学科的某些环节完全可以借助这种方式。比如学习完某段文章后，让学生用表格形式写出它的框架，看看他是否把握文脉；让学生给核心概念下个定义，看看他是否读懂了文章基本思想；让学生仿照什么写出什么来，或者评述什么，看看他是否掌握了句式、修辞等，能否灵活运用。这就叫成就的证明。

二是行为条件。什么叫行为条件？就是把所需要的条件具体化，明确这堂课解决什么问题。这是在前一点的基础上更加具体化，明确借助什么完成什么。数理化老师经常用这种方式，但文科老师用得比较少。

三是水平要求。这是大多数老师普遍忽略的，很多老师没有水平概念。什么叫作水平要求？就是时间概念、数量概念、质量概念，即用多少时间完成多少事情，完成的质量又如何。这在前两者的基础之上更加具体化了，更加清晰。越具体，越有效率；越模糊，越没有效率。

很多老师心里没有这个要求，这堂课没讲完，下节课接着讲，下节课没讲完，再下节课继续讲。结果讲到最后往往是时间不够，只好找校长要课："对不起，我们讲不完，你要给我增加课时。"一般校长会说："我给你增加课时，其他课程怎么办？"所以一节课都不能增加。怎么办？去抢自习课！我们很多"负责任"的老师就喜欢抢自习课。抢自习课是不对的，每天都应该有一堂自习课让孩子们自我消化，谁侵占自习课谁就是违反教学制度。后来老师们想方设法跟音乐、美术、体育老师商量："你们的课跟高考没关系，给我上吧？"

有了水平要求才能有质量。一节外语课，讲什么？讲单词。老师事先设定了一个水平要求的目标——学生对所学单词的拼写准确率达到90%以上。有了这个数量概念，他就会调动一切因素来完成，这堂课就会有效，即便达不到90%，起码也能达到85%。再比方说，一位历史老师是这样定位一堂课的目标的：上完这堂课之后孩子们不看笔记，就能写出引起第一次世界大战的五个主要原因，而且对每个原因进行评论性解释，全部完成时间为30分钟。一定要有时间概念，因为学生的时间不是取之不尽用之不竭的。所以从这个意义上来讲，没有水平要求意味着这堂课肯定是低效的，甚至是无效的。假如没有时间要求，没有水平要求，课堂肯定是低效的。

我再举一个体育课的例子。现在的老教授、老领导、老专家经常会反映这个情况，说现在的体育课很成问题。怎么成问题？"体育课上完以后我的孙子连汗都不出。"这是什么？这是表象。但为什么连汗都不出？说到底就是没有水平要求。我去听一堂体育课，这堂课的教学目标似乎很明确，教孩子学投篮。一上课，老师先把孩子们集中在一起活动，然后讲投篮的分解动作，第一、第二、第三……边讲解边做示范动作，然后找了几个同学做示范。接下来拿了一大筐篮球，让学生拿着篮球去投。快下课时再把大家集中起来活动活动筋骨，这堂课结束了。这堂课的教学目标是教孩子投篮，但是请注意，无论老师还是学生都不知道，有多少孩子在多少时间内最后投中了几个球。没有水平要求，教学目标就是不清晰的。

上述三种方式都叫行为目标，行为目标是有缺点的，只强调行为的结果，但是没有注意内在的心理过程。老师可能注意到外在的行为变化，但会忽略内在的能力和情感变化。我们在强化教学效率的过程当中，可以使用它，但也要弥补它的缺憾。心理学家告诉我们，应该把内在的过程和外显的行为结合起来。心理学家认为，学习的实质是内在的心理变化，教育的真正目标不是具体的行为变化，而是内在能力和情感的变化。这是心理学家说的，但我不完全认同，我认为，教育的真正目标不但是具体行为的变化，更重要的是内在能力和情感的变化。换句话说，我不排斥行为的变化，我们的教育不但要追求行为的变化，更要追求内在能力和情感的变化。所以我们要寻求把这两者有效结合起来的方式。比如我们在考虑刚才三种方式的时候，能不能考虑一下这样一些目标：让孩子喜欢什么？热爱什么？欣赏什么？尊重什么？创造什么？能不能把这些方面考虑进去？我们既考虑了外在的行为变化，也考虑了内在的情感过程，这是不是最好的方式？我认为不一定是最好的方式，最好的方式可能在我们教师的课堂教学当中，是那些行之有效的兼顾行为目标与情感目标的方式。每一位老师根据自己学生的情况进行有效的教学，就是有道理的。

2. 看过程。

首先谈一谈教师的知识储备。有一次一个小学老师教《动物，人类的朋友》，讲着讲着这位老师就顺便问了一个问题："同学们，你们知道哪些动物濒临灭绝吗？"孩子们有的说大熊猫，有的说东北虎，有的说北极熊，有的说中华鲟，有的说扬子鳄……他是随口提出的这个问题，自己并没有搞清楚到底什么动物是濒临灭绝的。怎么办？他只好点头，动作幅度很小，并且不管谁说他都点头，想蒙混过关，敷衍过去。但是孩子们开始争论起来，小学生是很认真的，他们希望老师能判断到底谁对谁错。这个老师灵机一动——我们很多老师也会这么做，说："同学们，下课以后你们到图书馆去查一查，或上网去查一查。"他想蒙混过关，这是我们有些老师惯用的手法。哪知道有个孩子非常较真，他站起来说："大概老师你也不知道吧。刚才只有第一组说的是正确的，其余都是错的。其他还有西伯利亚虎、亚洲黑熊、非洲犀牛、亚洲猩猩……"他一口气说出了十多个物种。这个老师的面部表情非常尴尬，原因在哪里？知识储备有问题。教师的知识面确实有限，但是上这一堂课之前就应该充分做好相关的知识储备，这个要求不过分吧！

有一个年轻的中学历史老师讲到商鞅，突然灵机一动，说："同学们，你们知道商鞅最后是怎么死的吗？"孩子们没有回答，他自己回答："我告诉你们，商鞅最后是被车裂而死的。"他接着问："同学们，你们知道什么叫车裂吗？"孩子们又没作声，他就自己回答："所谓车裂就是让车轧死。"无知者无畏！如果不知道何谓车裂，你可以去翻翻词典，了解清楚了再到课堂上讲。可见，一些老师的知识储备严重不足。

　　我再举一个例子。我是上海市特级教师评委，上海市评选特级教师都要听一堂课。上海市还有一个规定，凡在外省市已经评上特级教师的人，到了上海要重新走个程序，也要听一堂课重新认定。

　　上海市某重点中学的一位高三把关老师兼语文教研组组长，已经在外省市评上了特级教师，他要通过上海市的重新认定，我们去听他的课，他上的课是杨绛先生写的《老王》——人教版和苏教版把它放在初中教材中，上海版把它放在高中教材中。一上课，老师就让学生分段，分完段概括段落大意，然后归纳主题思想，最后分析主要人物。主要人物是谁？老王。为什么？标题就是"老王"。然后归纳老王的性格特点——勤劳、善良、朴实、乐于助人，全部写在黑板上，清清楚楚，板书写得非常漂亮，整个黑板基本上写满了。课上到这里，老师发现，他预设的所有教学任务全部完成了。怎么办呢？看看离下课还有一段时间，他灵机一动："同学们，关于这篇课文你们还有什么问题没有？"孩子们开始七嘴八舌地提问题了。有个孩子说："文章的结尾说'那是一个幸运的人对一个不幸者的愧怍'，我不理解。"老师一听，估计他自己也没有很深刻的理解，于是又灵机一动，说："同学们，刚才这个同学提的问题很有价值，我们讨论讨论。"这是我们老师惯用的手法。当他自己搞不清楚的时候让同学们讨论讨论，这也未尝不可，教学相长嘛。讨论的过程当中有同学举手了，说："因为我不能给老王以有效的帮助，所以感到愧怍。"老师一听好像有道理，重复了刚才这个学生的观点，然后就把这个作为标准答案了。这个时候提问题的同学举手了，说："老师，我不同意。"

　　课上到这里的时候，我发现全班同学的眼睛闪了一下。我听课不喜欢坐在后面，坐在后面看的是学生的后脑勺，我听课喜欢坐在前面的两个位置，这里可以看到所有孩子的眼睛。眼睛是心灵的窗户，它可以告诉你这堂课是成功的还是失败的。可以说在前面的教学环节中孩子是没劲的，无精打采的。原因在哪里？因为老师的教学方式太老套了，如概括段落大意、归纳主题思想，等等。我发现当那个学生说出不同意老师的所谓答案的时候，全班所有同学的眼睛都闪了一下。这个时候，如果老师能把这个环节处理好，等于用力一扳，这堂课还能扳过来，还能成功。很可惜老师一看手表，发现离下课的时间已经很近了，于是提高嗓门，义正词严、不容分说地把孩子的异见压了下去。

下课以后我去问那个孩子，他分析得头头是道，讲得很在理。我回过头再问这个老师，讲了半天就是讲不清楚，"王顾左右而言他"。我说："对不起，三年以后你重新再来。"——上海市评选特级教师一般三年一次。教师自己都没读懂文章，怎么能走进课堂进行教学呢？知识储备有问题！

我们再看看课的开头。今天有不少老师学了很多名家做派，喜欢绕来绕去，不开门见山。

举一个例子，有一位老师上《利息》一课，创设了一个情境导入课文，他说："过年了，同学们最喜欢的是什么？"老师希望孩子们说是压岁钱。结果没有一个孩子说是压岁钱，大家说喜欢放鞭炮、走亲戚，喜欢玩个痛快，就是不说压岁钱。学生不说压岁钱怎么办？老师只好自己说了。然后老师又启发道："你们拿了压岁钱会怎么办呢？"老师希望的答案是"存进银行"。存进银行就有利息，利息就是今天要讲的课。但是孩子们说交给妈妈，买学习用品，就是不说存进银行。老师没辙了，只好又自己说了。你说这个环节有意义吗？毫无价值。

不知你注意到没有，如果认真听很多老师的课，开头那个环节常常是无效的。三分钟过去了，五分钟过去了，八分钟过去了……还没有切题，有效率吗？

再举一个例子，有个青年男教师借班上课，一上来就莫名其妙地提了一个问题："同学们，你们看我长得怎么样？"教师说出这样的话语，让孩子们怎么回答？说你长得帅，其实也不怎么帅；说你长得丑，其实也不丑陋。孩子们无法回答老师的问题，老师只好自己说了："我很丑。"这明显是自我贬损。他说这句话不是目的，是为了带出下面一句话来："但我很温柔。"一个男老师说出这样的话，让人听了浑身不自在。这句话还不是目的，他是为了引出下一句话来："希望同学们能够在我温柔的课堂上诗意地栖居。"听完这句话我感觉更加不自在。

在课堂教学当中，类似这样一种课堂开头我们是应当反对的。

还有一位老师学了名家的课例，借班上课，一上来就问："同学们，你们猜猜我姓什么？"我心想，你姓什么跟这堂课的教学有何关系吗？

开头应该怎么做？开头应该创设一个非常好的、和谐的环境。

我举一个例子，看看一位大学老教授是怎么上课的。我们都知道，接触一个新的班级，第一堂课是很难上的。老师第一次看到这些学生，学生第一次看到这个老师，双方之间有一种莫名其妙的紧张，所以第一堂课一般会上得很硬，很涩，很不自在。这个老教授是怎么上课的呢？上课铃声响了，老师走到讲台中间，说："上课。"班长喊："起立。"老师说："同学们好。"学生们说："老师好。"按照常规接下来老师应该喊"请坐"，但是这位老教授没有喊，而是用眼睛把所有同学全部扫视了一遍。他说："错了，错了，你们喊我喊错了。"全班同学莫名其妙，面面相觑。他接着说："我是你们老师的老师，你们应该喊我什么？"全班同学一起喊道："师爷好。"一个"师爷好"，让老师和学生因为第一次见面而产生的莫名其妙的紧张烟消云散了，他们一下子就进入非常和谐的氛围中去。老师觉得孩子们挺可爱的，蜡烛似的一点就亮；孩子们觉得这位老师挺可爱的，像一个老顽童。双方之间走得非常近了，情感也非常近了，课就上得很轻松，很有味道。

接下来我想探讨一个问题，就是到底教什么。我们过去讲教教材，老师上课干什么？教书的。教什么书？教课本，教教材，教材有什么老师就说什么，教材怎么说老师就怎么教。后来就变成教参怎么说我们就怎么说，老师备课就是备教参，把教参的内容转变成教学的内容。后来我们发现了一个问题，就是市场上有很多教辅读物，教辅读物就是根据教参而进行的二次加工、三次加工，这样一来我们老师想说什么，学生基本都知道，老师就尴尬了。

我举一个例子。我在上海带了一个语文名师基地，我是基地的主持人，每一期我带 15 名学员，每一名学员都要上一堂课，而且我都要评课。有一位老师上《再别康桥》，他设计了很多问题，其中有一个问题是这样设计的：为什么叫康桥，而不叫剑桥？康桥就是剑桥，剑桥就是康桥，为什么标题不叫"再别剑桥"？课上完之后由我评课，我非常不客气地说："你这个问题是无效问题，是无价值的问题，是伪问题。"那位老师不太服气，跟我说："程老师，教参上是这么说的。"他以为这句话就可以把我挡回去，哪知道他说的这句话把我惹急了，我就说了一句非常极端的话，当然我这句话可能也有错误。我说："对不起，你知道什么叫教参吗？所谓教参就是错误的集大成者。"我这句话是有错的，我用这样一句极端的话语，实际上是想告诉他，对于教参，一定要有自己的判断，一定要有自己的思考。

什么是教参？我曾经是上海市高中语文教材审查委员，比较了解教参的编写过程。主编召集一帮人，并把编写教参的意义、目的、价值、原则，还有编写体例、方式方法，以及最后交稿的时间全部说清楚。一段时间后，主编把教参的稿子拿过来审查一遍，基本上没有什么问题了，就交给审查机构，之后再交付印刷厂。换句话说，在某个具体内容上可能就是两三个人的智慧，而这两三个人犯错误的概率是很高的。比如出一张高考试卷，一般来讲需要 6 个专家，4 个大学教授，2 个中学特级教师，出题时间为一个月。出完题目以后，再请顶级的、非常著名的，在该学科很有影响、很有水平的大学教授和特级教师各一名，由他们两个人来审查题目，审查完了以后修正，修正完了以后再请当年要高考的二十几个学生——试测生考一遍，看看还有什么问题，然后再修正。这么多人反复修正，然后高考试卷定稿。高考之后试题公布出来，大家还会发现试卷本身存在不少问题。所以，怎么能轻易就相信教材、教参呢？教材、教参也是会犯错误的。据《法制晚报》报道，张作霖第六子张学浚的儿子张闾实曾指出，人民教育出版社 2002 年出版的高中《中国近代史》教材中的照片并不是自己的祖父，其实是湖南督军何海清。何海清的孙女何全美表示，自己看到

后也一眼认出了教科书中标注着张作霖名字的照片其实是自己的祖父何海清。[见《文汇读书周报》2013－2－1（3）]

现在有些学校课堂教学改革的主要举措是解放学生。为什么要解放学生？因为学校发现教师在教学过程当中，实际上就是把教参上的东西搬到课堂上，而且搬的水平还不是很高。

我们今天不讲教教材，换一个概念，叫用教材教，用教材教人，用教材教学生。什么叫作用教材教人？不是教材有什么我们就教什么，而是学生需要什么我们才教什么，要针对学生的需求来进行教学；不是根据教材的结构来选择教学的结构，而是根据学生的心理结构、学生的行为规则来决定教学的结构和规则。这句话非常抽象，很难懂，我借用李海林老师的话来概括，然后把它展开来大家就知道了。

第一，什么是学生已经懂的？学生已经懂的，作为教师你只需要检查就可以了。在这一个环节上，我们发现很多老师有毛病。什么毛病？孩子已经知道了的东西，他们还在喋喋不休地讲个不停。学生已经懂的，你只需要检查就可以了。

第二，什么是学生不懂，但自己看教材可以懂的？学生的大脑不是一片空白，如果是一片空白你只要填充就可以了。学生不懂，但是看了教材自己可以搞懂一些内容的，你就让他们看教材好了，看完以后让他们去概括、提炼，概括、提炼不到位你再帮他们。

第三，什么是学生不懂，看了教材也不懂，但通过合作学习可以弄懂的？这时，你就可以组织讨论和交流。实话实说，我们现在有些公开课的合作学习纯属作秀，其讨论纯属多余，不是真讨论。上课不到十分钟，老师就说："同学们，你们前后两排四个同学讨论讨论。"然后，讨论不到一分钟就完事了。这种讨论有价值吗？纯属无效讨论！另外所谓的小组讨论，小组的成员构成是有讲究的，不是随便前后两排四个同学就可以讨论的，小组的成员之间要差异最大化才有价值。

第四，什么是教师必须讲的？学生不懂，看了教材也不懂，通过讨论还不懂，这个时候老师应该讲了。也许你会说学习了某某学校的经验，把课堂还给学生，那我就追问一句："把课堂还给学生，你的良心何在？"该老师讲的时候，你就要讲。杜郎口中学把学生调动起来了，刚刚开始就是全部让学生讲，后来发现不对，认识到老师还是需要讲一段时间的。该你讲的时候你必须讲好。老师讲解有三重境界，后面我会提到。

第五，什么是教师讲了也不懂，必须通过实践才能懂的？你别以为老师一讲学生就懂了，有时老师讲了学生也不懂，而他们必须通过实践才能搞懂。这时你就进行活动设计，让孩子们实践实践、活动活动。

举一个很简单的例子，体育老师教孩子们学游泳，在教室里大讲游泳的理论、浮水的知识、滑水的动作，但就是不让孩子下水，那么孩子能学会游泳吗？孩子永远学不会。只有把孩子丢到水里去，孩子才能学会游泳，这是需要实践才能掌握的。

老师的语言有三重境界，第一境界是想得清楚，说得明白。实话实说，如果连这一步都达不到的话，是不适合当老师的。我现在主要是培训老师，可后来我发现，不是所有老师都能培训得出来的。原因在哪里呢？有些老师连基本的条件都不具备的话，你怎么能够培训得出来？基本条件是什么？第一，你得想得清楚；第二，你得说得明白。这是当老师的最基本要求，让学生听得懂而且能说得出来。我在建平中学担任校长的时候，我们招聘教师，复旦大学、上海交通大学、同济大学的一些学生，都会跑来应聘，包括硕士、博士。如果是招聘数学老师，我们就请数学特级教师给他们出几道题目，做两个小时。如果连题目都做不出来，说明他想不清楚，那就不适合当老师；如果做出来了，请他走到班上去，对着学生讲清楚，如果讲不清楚，我们也不能要。比如陈景润，他大学毕业以后被分到北京最好的高中——北京四中，这也是全国最好的高中。陈景润是解题高手，什么题目到他手上很快就做出来了，这说明他想得清楚。但是面对北京四中这么好的学生，他讲完了之后居然没有一个学生听得懂，换句话说，他就是说不清楚。他是不适合当中学老师的。后来他就到中国科学院数学研究所去了，不妨碍他成为数学家。

第二境界，老师的话语，声情并茂、传神动听，让学生身临其境、如闻其声、如见其人。我们今天讲课程改革、教学改革，把课堂还给学生，还到最后我们老师不会说话了，我们老师的话语不能够把孩子的情绪调动起来，不能够让孩子激动，这就有问题了。

第三境界，老师讲的话很少，寥寥数语，但是包含了无穷的意思，言有尽而意无穷。老师三言两语却打开了孩子们一扇扇思维的窗户、想象的窗户，让孩子们尽情地思考、充分地想象。思也无涯，这是最高境界。

我们很多老师找不到自己新的生长点。之前到过云南的几所学校，一位分管教学的副校长，听完我的评课之后，说："程校长，你能不能听听我的课，我过去也是云南省教学大奖赛的一等奖获得者，这几年下来以后，我都不知道我的课到底要从哪里发展了，我到底如何提升，也没有思路了。"这个副校长还是很有上进心的，他让我听听他的课，帮他诊断诊断，帮他找一找新的生长点，找找今后努力的方向。其实我们老师的课堂教学，从某种意义上来讲，还存在着很多提升空间。

下面说说要关注教学策略的选择，即老师该怎么做，老师做得怎么样。关于教学方式、教学策略，现在都在谈启发式。所谓的启发式，有很多老师把它理解成为问答式，认为老师提问题学生回答，老师不断提问题，学生不断回答，就是启发式。姑且承认这个启发式，我们还是发现这里面有问题。

问题之一，机械问答。我曾经听过一堂课，很极端，一堂课听下来，老师的问题一共117个，而且绝大部分是无效问题。一个问题抛出来，我们要让孩子们思而得知，如果孩子们不假思索异口同声都能回答这个问题，那就不是问题。我们老师设置的问题，一定要适度超越当下学生的水平。

问题之二，单一模式，即老师提问题让孩子们一起来回答——众声回答。这会带来什么问题？滥竽充数。滥竽充数的最后结果是什么？把学生的问题全部遮蔽掉了，老师不知道学生的问题出在哪里。所以，我建议各位校长，如果听课，一般不要坐在后面，就坐在前面，看孩子的嘴巴就什么都知道了。有些孩子嘴巴虽然张着，但是声音很轻，他们说错了老师也听不到；有些孩子嘴巴也张着，但是没有吐出词来。这就把问题全部给遮住了。那该怎么办呢？让孩子"独唱"，"独唱"可以把问题暴露出来。

问题之三，即问即答。什么叫即问即答？老师刚刚提出问题，立刻就叫学生回答。这会导致两种可能。第一种可能，学生可以回答。但是请注意，如果学生立刻就能回答，说明问题没有价值，根本就不需要思考，学生已经会了。第二种可能，学生回答不了。回答不了的原因是什么？没有思考的时间。所以我建议各位校长，如果发现这种情况，要督促老师给孩子们留一点思考的时间和机会，给孩子们留一点思考的空间，不要盲目地追求热闹。

关注思维方式。一般来讲，很多数理化老师都是这么上课的，先讲定义、定理、公式，之后带着学生解例题，解完例题以后再去做作业。公式、定理是什么？就是一般规律。具体题目是什么？是个别现象。由一般到个别，就是演绎法。演绎法可不可以？当然是可以的。演绎法有没有问题？当然是有问题的。如果你永远使用演绎法进行教学，就会带来一个新的问题——高分低能。学生只有掌握了一个公式，然后才能去解决一个与此相关的具体问题，换句话说，面对一个新的问题，学生永远无法去解决它。芬兰有一位数学教育家，他说，在数学公式、数学定理和生活现象之间有一条鸿沟，数学教育的任务就是把这个鸿沟填平。把生活现象和公式、定理之间的鸿沟填平，这就是数学教育应该做的事情。但是如果我们始终采用演绎方式的话，这个鸿沟不但没有填平，而且在不断地扩大。

有一位数学老师喜欢采取归纳法进行教学，他从生活中的一个现象出发，然后让学生归纳出一般的定义，比如什么是解方程，什么是方程解，然后再对照书本的定义，从个别上升到一般，最后给学生许多练习题，让孩子们自己去判别，由一般再回到个别。我觉得这样一种思维方式，我们的课堂教学应该提倡。要让孩子面对生活，面对现象，而不是直接面对公式。

关注课堂的开放度。比如数学老师问一句"还可以怎么计算"，就可以为学生打开一扇小小的窗户。过去我们不太关注课程资源的开发；今天我们的课程改革强调要关注课程资源的开发。过去我们说"教科书是学生的世界"，学生看来看去就看教科书；今天我们讲，"世界是学生的教科书"，一切可以利用的资源都可以拿来为我所用。

有一个英语老师正在板书，一个学生用笔在桌上敲打起来。老师听到以后，说了一句很幽默的话："英语课是不需要伴奏的。"敲击声就悄然隐去，孩子们也笑了，那个捣蛋的孩子做了一个鬼脸。而他做鬼脸的动作恰好被老师捕捉到了，老师马上边模仿边说了一句话："Make a face，这就是做鬼脸。"孩子们无意之间学到了一个新的英语短语，换句话说，这个老师打开了一扇小小的窗户。

关注旁例和反例。有一个理论叫作变异理论，什么意思？你要想正确认识事物的关键属性，还需要理解该关键属性的变异形式，以加深对该属性的理解。也就是说，还要了解它不一样的地方，变化的地方，相反的东西，要关注旁例或者是反例，然后再加以对比，从而达到对于关键属性的辨析。我们有一些老教师这方面做得很好，有一些年轻教师在这方面做得不好。有的老师讲了一道例题，给学生们提供一个配套的跟这个题目完全相似的题目，孩子们也会做了，这样就认为孩子懂了。真懂了吗？稍微变一变，孩子就不懂了；稍微变一变，孩子就不会了。换句话说，不让学生了解旁例，不让学生了解反例，是不行的，只有了解了旁例或者反例，他们才能真正明白。所以我们在听课的过程当中，要观察老师是不是只涉及了一个方面的正相关的例子，而没有让孩子们读懂什么叫作旁例，什么叫作反例。没有真正教会学生，这堂课就是没有效率的课。变异理论证明，学习迁移的必要条件是同时具备共同性和差异性，既要有相同的，还要有相反的，有差异的。所以从这个意义上来讲，为什么我们很多有经验的老教师课上得好，为什么学生学习效率高，原因就在这里，他们给的不是一个方面的东西，而是多方面的、立体的、全面的。

3. 看效果。

评价老师教得怎么样，我们得看看学生学得怎么样。从认知的角度讲，前面我提到了崔教授讲的所谓增值，就是说原来不知道什么，现在知道了什么，原来不会什么，听了这堂课以后会了什么；从情感的角度讲，原来不喜欢什么，现在喜欢什么了。这就是堂课的成效。我们看效果要关注学生的课堂表现，关注学生是否全员参与。在课堂上，三个同学睡觉了，老师没看见一样，十个同学睡觉了，他们跟不知道一样，这肯定是有问题的。一定要关注学生的情绪状态，听课的时候坐在前面的位置，你便可以看到孩子的眼睛，他们情绪状态怎么样，有兴趣还是没兴趣，一眼就可以看出来。你还要关注他们的交往状态。什么叫作课堂？课堂最本质的特点，我前面讲了，就是老师和学生当下的对话。这个对话的质量如何，产生了什么新的东西，就是交往状态。

课堂教学的效率我们可以从三个角度去评价。第一，教学目标达成度怎么样。教学目标达成度高，课堂教学效率就高。为什么总要补课？就是因为我们老师的课堂教学效率不高。第二，学生参与度怎么样。即学生是否非常积极、非常投入。第三，学生学习的幸福度如何。学生上课时，如果非常高兴，非常开心，那这堂课就是好课。

我们评价一堂课，还可以从长时间的角度来考虑。就长期效果来讲，我们应该整体关照课程标准的三维目标，而不要简单地机械对应。就某一堂课而言，我们也可以借一斑窥全豹，推知整体情况。比如数理化老师有一个目标，就是培养孩子的科学态度。所谓科学态度，起码具备实事求是和批判的精神。但是一堂课听下来，你会发现老师在整堂课当中，没有让学生提出一个问题。这怎么培养孩子的批判精神？怎么培养孩子的科学态度？这就是借一斑窥全豹。

我再以一堂物理课为例。学生在学习之前、之中、之后都没有犯一个错误；学生没有任何不解，老师整堂课讲的全懂了。评课的时候我就说，这堂课学生没有任何失误、没有任何不解、没有任何不会、没有任何问题，不是这堂课效率高，而是这堂课存在很大的问题。如果不看整堂课的教学过程，基本可以判断这堂课的教学目标定位有问题，老师教的孩子都会，所以目标过易。看了整堂课的教学过程，我发现不是目标的问题，而是课堂上的原因。什么原因？教师抛出问题之后，又不断地对这个问题进行解释，所有解释都包含了答案，孩子们根本就不需要思考，所以也就没有犯任何错误。我们的老师给了诸多解释，好比是给了很多拐杖和支架，但唯独没有给学生方法，始终牵着孩子的鼻子走。试问今后没有了拐杖，学生还会走吗？若是不给孩子独立思考的机会，不给孩子思考的方法，那么课堂就有问题了。

新课程理念认为，课堂教学不但是知识学习的过程，而且是老师和学生共同成长的过程，是激情和智慧综合生成的过程，所以需要我们进行精心设计，包括知识，包括生命成长，包括激情和智慧。

二、教学方案的设计和教学过程的管理

（一）教学方案的设计

以国家课程的教学方案设计为例，必修课是最基础的课程，是最主要的，是教学质量的关键所在。所有的校长都必须面对这个问题——必修课是问题最多的。我不知道各位校长听过几次课，一个学期能听几堂课，如果你认真听下来，就会发现，其实课堂上问题最多的就是必修课，因为它任务最重，课时最多，犯错误的概率也最大，而且它最容易被校长忽略，原因在哪里？今天我们讲特色化办学，讲个性化办学，讲学校文化，好像跟它没有关系，和特色无关，和亮点无关，必修课大家都得上，其实不然。

教学过程有四种取向。第一种叫得过且过。这是混日子的，明显不对。后面三种取向其实都有一定的道理，分别是忠实的取向、调适的取向、创生的取向。这三种取向要根据不同的情况区别对待。得过且过明显是错的，所有的学校里都会有这样的人："橡皮毛病"，没感觉，工作效率低下，充满职业倦怠，对未来没有想法，迷茫得很，有工作压力，有生活压力，但是不知道如何疏泄，对学校的任何激励措施好像都没感应、没感觉。我们要警惕这样的人，不能让这种现象蔓延开来，一旦蔓延，就成问题了。

正确的取向是什么？

第一，面对课程标准必须忠实。

第二，在教材的使用上，应该采取调适的取向。什么叫调适？调整以适合于我们本校的情况。这个很好理解，任何教材都有先天不足，不可能普遍满足于所有类型学校的需求。有这样一种说法：好的老师是不用教科书的，用教科书的老师都是很懒的老师，好的老师都是自己编讲义。每一个班的情况是不一样的，怎么能用统一的教科书呢？不但中小学有统一的教科书，大学也有统一的教科书。

第三，课堂教学的方式和方法上要采取创生取向，要注意创造生成，而不要用一种模式进行教学。我经常讲模式是一柄双刃剑，我们很喜欢教学模式，它在帮助我们建立教学规范的同时，也在压抑着教师和学生的创造性，束缚着老师和孩子。我的观点是，在没有规范的时候你可以用教学模式来建构，帮助我们的老师建立基本的教学规范，但是当老师已经掌握了教学规范的时候，你必须超越规范，因为问题发生了转变。

我们学校教学方案设计的依据在哪里？依据学校的实际情况，即学生的实际情况，教师的实际情况。这很好理解。根据本校的情况，设计什么？第一，内容的确定。到底教什么？关键在哪里？在度的把握上。最难的地方就是度，比如高中分省重点、区重点、县重点、普通高中，这之间能一样吗？如果一样，肯定错了。教材中有某个知识，但是学多长，学多宽，学多深？长度、宽度、深度都是我们必须把握的问题。第二，组织的模式。如何组织学生？是同一个层次的学生组织在一起（建平中学搞的就是分层次教学），还是异层杂糅，不同层次的学生在同一个班级上课（叫统一均编）？两种方式各有其长，各有其短，关键看你们学校的实际情况。建平中学发现分层次教学提高了学生的学习质量，所以就采取分层次教学。

教学方式到底是传授式好，还是训练式好，抑或是研究式好？这些都是我们教学方案设计必须把握的内容。我们或许当了 10 年的老师、20 年的老师、30 年的老师，资历深浅不一，但我们都当过十几年的学生，我们有共同的经历，现在请大家用一句话来表述一下什么叫作学习，什么叫作教学，你就知道问题出在哪里了。什么叫学习？认知主义告诉我们，学习就是知识的获得。那么教学是干什么的？传递知识。但是后来我们发现，我们不但要传递知识，还要培养学生的能力，所以第二种主义出来了，即行为主义。学习是什么？学习就是刺激反应，不断地刺激反应，就是反应的强化，那么教学就是操练。数理化老师最喜欢操练，语文老师也学会了操练，英语老师也跟着操练，后来发现不对了。第三种主义出来了，叫建构主义。学习是什么？知识的建构。教学干什么？创建学习环境，帮助孩子来建构。这三种主义各有各的道理，但是请注意，如果你拿一种主义覆盖整个教学过程，肯定是错的。中小学老师在实际教学过程当中最喜欢两种主义——认知主义和行为主义，大学教授最喜欢跟中学老师讲建构主义，但实际上大学文科老师在自己的课堂上基本上是在用第一种主义——认知主义。用一种主义覆盖整个教学过程肯定错了：你说教学都是传递知识，错了；你说教学都是操练，肯定也错了；你说教学都是创建环境帮助孩子建构，同样也错了，你连教学任务都完不成。正确的说法是什么？教学有时候是知识的传递，有时候是操练，有时候是创建环境帮助孩子建构。问题的关键在哪里？就在于什么时候是传递知识，什么时候是操练，什么时候是创建环境帮助孩子建构。我们的教学方案当中应该把这些问题解决好。

我在建平中学担任校长的时候，教师培训干什么？就是要解决这些问题。第一，一张学校课程表。请注意，这个课程表不是简单的什么老师到什么班级上什么课，它至少包括以下内容：学什么，学的课程内容是什么，学到什么程度。第二，我们这所学校、学校中的各个班级应该学到什么程度，深度、广度、长度到底怎么样。第三，需要多少时间，需要怎么样的空间。我们发现，物理老师不愿意上物理实验课，就在教室里上物理课，你说有问题吗？肯定是有问题的。化学老师不愿意去做实验，就在教室里上化学课，你说能把化学课上好吗？特定的内容需要特定的空间相配。第四，我们用什么方式学习，是传授式，是训练式，还是研究式？什么东西用什么方式学习是最有效的？这都要考虑。第五，学生怎么样组合？组织教学的策略是什么？第六，如何评教，如何评学，课程评价到底怎么评。

教学方案设计绝对不仅仅是校长的事情，也不仅仅是分管教学的副校长的事情或教务主任的事情，而是全校老师共同的事情，问题是校长要组织大家把这个事情完成。教师培训一定要告别单纯的听报告的方式，听报告是不容易解决问题的。听报告只能解决一时的问题，不能解决根本问题。说到底，就是要解决你干的工作的问题。老师是在行为当中发生改变的，你不要企图让老师靠听报告改变。如果老师永远不改，永远不变，永远不动，老师永远提高不了。

如何评教？我建议大家一定要把学生的因素考虑进去。我们当然应该听校长的、听教务主任的，应该听教研组长的，应该听教研员的，但是最重要的是一定要听学生的。各位校长，你一个学期开几次学生座谈会？了解教学情况的座谈会，我建议一学期只开一次就可以了。学生的实际情况都能够了解到，包括学生对课堂的认识，对课堂的反应，以及教学当中的问题，全部都能暴露出来。不开座谈会，你怎么知道学生的问题在哪里？你怎么知道学生的要求在哪里？你怎么知道学生的企盼在哪里？所以，教学管理这个环节是非常重要的。

（二）教学过程管理

学校教育管理的基本矛盾是什么？管理资源有限，但是提高教育的效益却是无限的，这就矛盾了。我在各地作报告的时候，有些学校的老师、校长就说："你是在上海市建平中学，我们这所学校老师不行，设备不行，要钱没钱，要人没人。"我说任何学校都是这样的，资源的有限与提高效益的无限要求的矛盾是有办法解决的。这也是我们教育管理的逻辑起点和基本特征。教育工作长周期、迟效益，我们做一点改革和改变，需要很长时间才能产生效益。比如说我们建平中学改革，也不是马上就能产生特级教师的，也是经过好几年慢慢成长的，到了2009年才水到渠成。2009年之前，每次评选仅有一位老师能评上特级教师，到了2009年井喷了，四个人同时评上了特级教师。这需要一定的周期，不是说立竿见影，马上就能产生变化。

管理的任务是什么？就是对现有的人、现有的资源进行整体的运筹，进行优化组合。虽然就这么几个人，但怎么排兵布阵是校长的事情，把合适的人放在合适的位置上，正是校长应该做的。人尽其才，关键在搭配。要达到 $1 + 1 > 2$ 的效应，提升学校教学的效率、效益和效能。

学校教学过程管理，第一要有详细的计划。实施课程的计划在哪里？开学前我们做的第一件事情就是建构这个计划，而且要落到非常具体的环节。建平中学实行的是 ISO 9001 质量管理体系。具体到什么程度？每一个月干什么，每一个星期干什么，每一件重大的事情在什么时间做、谁来做、按照什么标准做、谁来评估，都有非常清晰的标准。这个标准出来之后，开学的第一件事情就是组织两个听证会：一个是教代会代表听证会，就是要征得老师认可，如果老师觉得计划有问题，有一些不合实际、需要改变、需要补充的，都可以提出意见；另一个是学生代表听证会，自己还需要什么东西，不希望什么东西，学生们也会提出来。这样一来，这个计划就非常符合老师和学生的诉求。计划制订好之后，就把目标分解到各个处室。我们有一张非常大的表格，大家一目了然，这件事谁来做，什么时间完成，清清楚楚，然后老师们各付其责。

但是这里有一个很重要的问题，任何好的计划都有不足之处，任何预先设计好的计划可能都会出现新的变化，所以这需要沟通，需要改进，需要倾听。因此，校长需要学会倾听。建平中学有两个举措：一方面要听老师的。我们有一个教育沙龙，每个月最后一个星期的星期四晚上举行。我们会事先发布话题，感兴趣的老师自愿留下来。我们最多一次六十几个人，最少一次十几个人，围绕一个话题谈建设性的意见，然后落实到工作计划当中。当老师的想法变成行政命令的时候，你会发现他们非常认同。另一方面，我们也听学生的。我们每星期都有一个班级的学生轮流值周，负责管理学校日常情况，并把暴露出来的问题记录下来。星期五上午行政例会的第一件事情就是让值周班的班长和团支部书记汇报本周的情况，出现问题我们立刻加以改正，并坚持合理的考核评价。

什么叫作管理？管理就是让人做事。什么叫作管理的科学性？就是让人高效地做事。什么叫作管理的艺术性？就是让人愉快地做事。这也是不容易的。为什么要在计划建立之初举行听证会？听证了他们就认同了。计划执行的过程当中，为什么要有教育沙龙？为什么要听取老师的意见？就是要让老师认同。只要认同，他们就会愉快地去做事。所以，管理既要科学，又要艺术。

教学过程有五个环节，常规环节包括：备课、上课、作业练习、反馈辅导、测试评价。教学过程中存在很多不合理的现象、不科学的现象。

我只说测试这个环节。所有的学校都要测试，测试之前我们首先要搞清楚为什么测试，针对什么测试。一定要针对我们的教学进程，针对学生的学情来进行测试，而不要随便考试。我们的一些负责人特别喜欢考试，比如教务主任、教研组长、年级组长非常喜欢考试，他们总是提要求："校长，我们要模拟考试。"讲得多了我就烦了。问题的关键是发现学生的问题，并帮助他们解决问题。所以，我反对两种做法，第一种做法是联考。上海有这种情况，喜欢5校联考、8校联考、10校联考，这一点我是反对的。偶尔参加一次也就罢了，反复参加就有问题。这类联考绝对不会针对你们学校的学生和教学的实际情况来命题，而是谁命题就针对谁的情况。第二种做法，盲目迷信所谓的名校试卷。很多学校就会跟好学校"攀亲"："这次期中考试，你们的模拟考试试卷，让我们学校也同时用一下吧？"我说："对不起，我们学校的试卷一定是针对我们学生的情况来命题的，绝不会针对你们学校的学生来命题，这个试卷我可以在第一时间给你，但是请注意，一定要加以改造。"

我们测试的具体目标是什么？进行知识分解、能力分解。测试的重点是什么？分数的布局怎么样？谁来命题？很多老师喜欢拿来主义，现在试题很多，随便扯一张过来就用来考试。我反对拿来主义，我要求我们的老师自己命题，最好是一个人命题。为什么一个人命题？学会命题也是我们老师的基本功。命完题后，组织老师进行讨论。如何讨论？先看题再论题。我反对轻描淡写式的讨论，我认为应该狂轰滥炸式地讨论试题，把问题全部揭示出来。如果我教高三，语文第一次模拟考试的试卷，肯定是我命题，命完题以后，让我们所有的老师一起来"狂轰滥炸"。下一个老师命题的时候，我们一起来"狂轰滥炸"，有时候彻底把试卷颠覆，重新再来，这样老师才能真正成长起来。不仅要上好课，还要命好题。另外，谁来审题，谁来校对？审题的基本原则是什么？基本原则起码包括以下几条：题目有针对性吗？目标清晰吗？题目科学吗？题目比例协调、答案正确吗？答案是不是唯一的？题目符合当下要求，符合明天的发展趋势吗？题目有新意吗？题目是自己创造的吗？一张试卷上应该有两个人的名字——第一命题人是谁，第二审题人是谁，一定要建立一个非常标准的科学的规范。

关于题目的科学性，我举一个例子。一个老师问学生："一个春天的夜晚，一个久别家乡的人，望着皎洁的月光，不禁思念起了故乡，于是吟起了一首诗，这首诗是什么？"孩子说："举头望明月，低头思故乡。"老师说："错。答案是'春风又绿江南岸，明月何时照我还'。"这不荒诞吗？可以是"明月何时照我还"，也可以是"低头思故乡"，还可以是其他诗句。题目不科学，标准答案就不标准了。

我们组织测试要力求真实地验证，这一点大家都非常容易理解。这里介绍几种考试方法。考试并不是只有一种模式，还可以有其他模式。第一种，分项考试，综合评价。比如语文，把它分成说话、阅读、背诵、写作，考试时间短，难点分散，有利于减轻学生心理压力，然后再进行综合评价。第二种，考砸了再考，考到优秀为止。为什么只能考一次？能不能让孩子选择性地考试？孩子不满意现在的成绩，可以继续考，一直考到优秀为止，然后学校把最好的一次考试成绩记录在他的档案中。这是鼓励孩子成长的很好的方式。这样一来，你会发现学生追着老师要求考试，通过考试促进学生发展的目的也就达到了。第三，挑选考试，考出水准来。考试试卷可以分成几个层次，学生根据自己的需求，可以考出不同的水准来。当然，有选择，就有责任。第四，开卷考试，考出能力来。开卷考试，学生感到新鲜有趣，可以调动自己的学习资源。开卷考试也是一种学习的新尝试、新方式。第五，学生出卷，老师来监考。学生出的试卷大家来考试，我教高三的时候，经常这样做。一种方式是选择几个同学的试题拼成一张试卷，一种方式是把全班同学的试卷组合成一张试卷，然后老师来监考。孩子们出题的过程，就是他们重新梳理和总结知识的过程。第六，分组考试，研究试卷。可以分成不同的兴趣小组，让他们做不同的题目。我们有小组合作式学习，也可以有小组合作式考试。第七，合格考试，不排名次。按照合格标准，只要合格就可以了，不需要排名次。为什么每次考试都要排名次？第八，等级考试，逐步达标。分成等级，一级一级往上排，给孩子一个上升的机会和空间。第九，竞争考试，激发兴趣。考试可以变成竞赛，设优秀奖等等。第十，保密考试，面批试卷。针对个别心理压力过大的学生，可实行个别化考试，考试之后我当面跟他谈，不需要面向大家，以减轻他的压力。所以考试永远只是手段，而不是目的。

测试之后的讲评很重要。我的观点是，要面向每个学生，要针对每一个问题，要为明天负责。

有一次我听一个数学特级教师的试卷讲评课，听完以后，我非常恼火，因为这个老师只讲答案不讲问题。考试的目的是什么？考试就是为了暴露学生的问题，然后针对这些问题，帮助他们解决。有些老师稍微好一点，但是只讲问题，不讲原因，让学生搞不清楚问题所在。有些老师稍微再好一点，虽然讲原因，但是不讲规律。有些老师再好一点，虽然讲了规律，但是没有讲方法。不难看出，这是递进关系，也是讲评课的标准，逐层递进，逐层提高。既要讲答案，也要讲问题；既要讲问题，也要讲原因；既要讲原因，也要讲规律；既要讲规律，也要讲方法；既要讲大家的情况，也要讲个别学生出现的错误。

听完那位数学特级教师的课，我非常不客气地数落了他一通，他好像不服气。我立刻从我的电脑中调出我的试卷讲评教案给他看，他一看服气了。我是怎么讲评的？第一道题只有 3 名同学错了，3 个同学的错误分别属于两种类型，它们分别叫什么，分别是什么原因造成的。第二道题 18 个同学犯错误，错误可以分成三种类型，第一种类型是什么原因、什么规律、什么方法，第二种是什么……我把所有犯错误的同学的名字全部报出来，结果所有的孩子瞪大眼睛，注意力高度集中。某某同学平常成绩很好，为什么在这种问题上犯错误？他犯错误的原因是什么？孩子们会认真去听，当事人更加认真。什么叫作应试教育？什么叫作素质教育？应试教育和素质教育，我们总是把它们对立起来，其实不是这样的，你把素质教育做好了，分数自然会提高，而且提得很高。高一、高二时我从来不让孩子们做题，到高三才让他们做题，但一定要让孩子们自己去寻找规律、方法和技术，让孩子们明确如何去改进等等。这样一来，孩子们终生难忘。

英国有一所学校名叫里丁肯德里克中学，每一个学生入学的时候，都要和老师一对一地讨论个体的长期目标，并且每个学期都有成绩分析日，老师都会和每个学生单独讨论目标达成情况。进入高三以后，所有的学生作文全部是面批，当面跟他们谈，谈他们的问题是什么，以及如何解决。

我想说：改变一点吧，最终就真的一点点改变了。一定要加强思考，加强研究，把工作做得细致一点。你对老师要有评价，要告诉老师错在哪里，要怎么去发展自己，怎么才能把事情做好。记住，重在评价，赢在执行。

谈思维与作文

——在北京六一中学的报告

　　我一直是教重点中学的高中学生，他们的素质比较好，因为他们是筛选过来的，是比较优秀的学生。教过一段时间以后，常常有这样的感觉：这样的孩子经过一段时间的学习后，审题基本到位了，文章布局、结构安排也非常清晰了，错别字、病句也不是很多了，但是有个问题，就是感觉他们的文章看来看去有些雷同，看来看去大同小异，甚至观点、材料都相近。我们语文老师经常强调一点，那就是作文要有新意，但是我们学生的作文却没有新意。相同的观点、相同的话语经常出现在孩子的文章中。我也经常思考这个问题，对于老师来讲，我们必须承认我们不能怪孩子，孩子的作文有问题，很显然是我们教育的问题，是我们语文老师的问题。

　　于是我思考一个问题：一贯以来，从小学到初中，一直到高中，无论是人教版的教材还是其他版本的教材，关于作文教学有一个很重要的特点，就是都从文章出发。也就是说，拿到一篇文章后，首先审题，然后是表达方式的问题，即这篇文章怎么写。我们在写法上做了太多的文章，初中是这样做，高中还是这样做的，我们高中的做法和初中的做法没有太大的区别，所以导致孩子们不愿意上作文课。原因何在？你在炒冷饭，初中的作文教学和高中的作文教学没有明显的界限，孩子从教师身上得不到新东西。于是，我想我们是否可以转换思维，走一条新的路子，从人出发去考虑到底怎么样才能写好文章。文章要写好有两方面是少不了的。第一个方面是孩子对语言文字有特殊的敏感力。什么意思呢？我们接手任何一个班级，包括普通中学，你都会发现一个很有趣的、相同的现象，那就是班级里总有个别孩子的文笔非常漂亮，语言文字特别好，说白了这不是你教出来的。这个孩子本身对语言文字具有特殊的敏感性，这是因为他长期以来读了很多书，在潜移默化的过程中，语感慢慢熏陶出来了。第二个方面是孩子的思维。要想写得出，先要想得到。文章的立意先要想到，否则他怎么写得出来？因此我在想一个问题，我们能不能从"想"这个问题上做点文章，从思维上做点文章，给孩子一点思考问题的方式，教孩子懂得思考问题的方式。

因此，我就从思维的角度做了一系列的尝试：第一讲原点思维与作文，第二讲多样化思维与作文，第三讲求同思维与作文，第四讲求异思维与作文，第五讲超前思维与作文，第六讲后馈思维与作文，第七讲横向思维与作文，第八讲纵向思维与作文，第九讲辨证思维与作文。这样一系列下去以后，你就会发现一个问题，虽然全班同学的文章不可能突然之间都变好，但是你分明能感到这些孩子思考问题的方式、角度开始多元化，呈现出百花齐放的状态。换句话说，同学们之间雷同的情况越来越少，他们的思路打开了。

上海市第十八届中学生作文竞赛中，我们班有一位同学荣获一等奖。当时的作文话题是"和谐"，如果我拿到"和谐"这个题目，首先想到的是和谐很重要，人类社会需要和谐，人们之间相处需要和谐，党中央号召创建和谐社会等内容，然后是怎样创建和谐社会，怎样才能达到和谐的境界，并分别阐述。而我们班这位同学是这样写的。

和谐……

建平中学　高二（13）班　汪晓芳

一个孤独的诗人，在落日的河畔游荡，信口吟出美的篇章：把那斜坡上／碧草染成金黄／或甚至是血色的／那道夕阳／缓缓浸入／蜿蜒在农田间／小河的／粼粼波光／要褪去的红色／是／不能愈合的伤……突然，他停住了，凝视着眼前的那丛火红的花，一任微风自在招摇。

那是罂粟。

臻美的堕落的，如撒旦的六翼天使，善与恶，美与丑的奇妙的统一。在那诱惑的迷人的微笑下，却是罪与邪恶。这引起了无数非议的花，让人既爱又恨。

而此时诗人脑中却响起了一句诗：……那条路/走到尽头/仍不是出口……

他疑惑了，真的有善恶之分吗？真的有绝对的对立吗？

罂粟摇摆着，像是在讽刺地摇头。

是啊，好像不全是这样的，真的，世上本无善恶，是是非非，孰是孰非？只有人的看法，武断的定义罢了，难道……

我们一直以来都是错的?！一种恐惧和不安油然而生。

人真的是在进化吗？与那些野蛮人相比，数千年的文明像是卷走了我们的美德。

是的，美德，并不是原本自身就可能是谬误的道德，也就是人类社会准则所创造的虚伪的善良，谦虚，同情……（当然我也不是全盘否定其价值，只是若从"反道德论"出发得到的结论会与公众观念有所不同），实质上的美德，是本能，那不仅仅是求生的本能，更主要的是与自然和谐共处的本能。我不否认，人类现今的智力已经达到了一个很高的水平，而身体呢？我不相信在没有现代工具的帮助下我们能与野蛮人竞争。而为何这种完全不同于和谐进化的发展过程并没有使人被自然淘汰呢？那是因为智力。我们盖起了水泥森林，在大自然发怒时往往不受其丝毫影响；我们发明了农耕畜牧，这就意味着我们不必冒着风险与飞禽猛兽争斗。

于是人类躲进了安乐窝，似乎与自然脱离了。我们的进化也就无法紧跟大自然的脉搏，无法那么和谐了。造成的结果便是智力与身体及道德（也就是姑且定义的与大自然和谐相处的能力）极度不协调，人们甚至要考虑，下一个冰河期的到来，会不会将这些野外生存能力极差的现代人的文明，一举推毁。

那么，也就是说，一直以来，人类生存发展的准则全盘皆错了吗？

是，又不是。诗人神秘地笑了。

没有善恶，没有对错。

历史的长河有时会拐几个弯，但最终都必将流向极致的和谐。

万物皆在，万物皆空。

而这一切都归于不可名状的和谐。

诗人背朝夕阳，向灰色的城市边缘走去。

注："反道德论"为尼采提出，意在对现存事物重新评论价值。

我们可以看到，第一段的主体是一个孤独的诗人的一首诗歌，后来我问她，这个孤独的诗人所吟诵的诗歌是摘录人家的，还是自己写的，她说是自己写的。我说："那么你就是这个孤独的诗人。"她郑重其事地点点头。诗歌的开头给我的第一感觉好像是在画油画，把大块大块的颜料色彩啪啪地往上涂抹，你看看，"碧草、金黄、血色、夕阳"，"小河的粼粼波光"，"要褪去的红色"，给人的感觉是什么？一种非常强烈的刺激。

第二自然段，只有一句话，非常醒目的四个字："那是罂粟。"而罂粟，是制取鸦片的主要原料。读到这里，我明白了她的意思。这篇文章不是从和谐的重要性开始的，它先呈现一幅画面，然后告诉我们不和谐的现象。罂粟的外表是如此的美丽，如此的使人惊叹，但是罂粟却被人们用来制作毒品。她把罪与邪恶和诱惑的迷人的罂粟联系在一起，给人以强烈的不和谐感。"那条路走到尽头仍不是出口"，激发我们思考作者到底想说什么。往下看：他——作者假设的诗人其实是她自己——疑惑了，真的有善恶之分吗？她对人类的人生准则，她对善与恶的人生标准提出质疑："有善恶之分吗？"从罂粟身上我们到底看出什么？从外表看，当然是美的，当然也是好的，但是对我们常人来讲，不会欣赏它的外表美，却把它当作毒品来考虑。"真的有绝对的对立吗？"她提出质疑。她在质疑什么？质疑我们千百年来沿袭下来的文明社会的关系，人生的准则，关于社会是非善恶的判别标准。她对这个不和谐的现象提出质疑："我们一直以来都是错的?！一种恐惧和不安油然而生。"这位同学思想和思维的深刻性真是非同凡响，她在质疑，质疑整个社会："人真的是在进化吗？与那些野蛮人相比，数千年的文明像是卷走了我们的美德。"我们都在强调现代社会的和谐，都在追求现代社会和谐，但是在现代化的进程当中，我们和野蛮人相比，美德到底是前进了，还是退步了呢？这是人类社会的一种不和谐、不文明状态，现代化的进程在往前走，但是人类的文明、人类的道德其实却有倒退现象。两者扭曲在一起，一种不和谐的现象出现了。

文章提出了反道德论的观点，坦率地说我没见过，文章最后还加了注解说这是尼采提出的。你看这个孩子，她不断地质疑人生的问题，但又不断地对自己的质疑提出否定。质疑，否定，不和谐，怀疑不和谐，然后去否定质疑现象。她又提出一个现象：我们的智力在发展，但是我们的身体素质在退化，这两种矛盾的现象又统一在一起了。为何会出现这种完全不同于和谐进化的发展过程？按道理来说，我们的和谐应该是智力发展，身体素质也发展。但是，这种完全不同于和谐进化的发展过程并没有使人类被自然淘汰，那是因为我们的智力。她在提出问题的同时，又在回答问题。"一直以来，人类生存发展的准则全盘皆错了吗？"她对整个人类发展生存的准则提出了质疑，是不是全盘皆错了呢？"历史的长河有时会拐几个弯，但最终都必将流向极致的和谐。"她由不和谐的发展预知到未来社会的发展最终要走向和谐。下面又是一句话："万物皆在，万物皆空。"好像是在否定这个论题，否定人生，否定世界，万物皆在。接下来还有一句："而这一切都归于不可名状的和谐。"最后，她写道："诗人背朝夕阳，向灰色的城市边缘走去。"文章结束了。

谈和谐，怎么谈的？她在不断地陈述不和谐，她对人生准则，对人类文明发展的进程提出质疑，然后又否定自己的质疑，文章的思路是这么架构的。我看完这篇文章后对其他同学说："这篇文章我教不出来，因为我都写不出来。"虽然她的的确确是在我的班上，从高一到高二都是我教的，到高三还会由我教，但是我想，如果我要说她是我教出来的，那么很多同行马上会提出："你再教一个看看？"可是，我又分明感到这和我的教学还是有关系的，我教不出这样的文章，但是和我的作文教学方式有着必然的联系。我所教的任何一届同学，高一的时候获奖概率都很低，但是从高二开始频频获奖。这篇文章是她当场写出来的，我是从她考试卷子上复印下来的。我们讲和谐，她却反向思维，从不和谐说起。从思维的角度来讲，她展现的是求异思维。

通过一连串的修炼之后，孩子们会在你面前呈现出不同的思维方式，会呈现出他们比昨天又更进了一步的状态。当然我知道，仅仅思维方式的训练是绝对不够的，原因何在？因为他们还必须有深厚的文化积淀。换句话说，如果没有深厚的文化积淀，他们即使掌握了思维方式，也是浅层次的思维，不可能深刻，并且也会没有作用，或者作用不大。所以，我的一个举措就是让孩子们读书，读文化名著。读文化名著，很重要的一点就是让孩子们进行文化奠基。我们都知道，现在的孩子常常是高中三年下来以后，只是读了语文课本上的那几篇文章。各位老师，你们想想看，语文是靠语文课本就能学得好的吗？或者是仅仅靠语文课堂就能学得好的吗？任何一个语文学得好的人绝对是超越语文课本的。因此，在所任教的任何一个班级，我都是让孩子们去读书。现在专家很多，专家们各种各样的说法也很多，如果我们追根溯源，回到原点，我们语文课到底是干什么的？教孩子们读书，教孩子们会读书，教孩子们喜欢读书，教孩子们学会思考，教孩子们善于思考，教孩子们善于表情达意，如此而已。语文教学还有什么？就是这些嘛！因此，我让孩子们每月读一本文化名著，《人类的群星闪耀时》、《论语》、《孟子》、《庄子》、《约翰·克利斯朵夫》、《培根论人生》……一本一本地读下去。读的过程当中，孩子们眼界开阔了，思路不一样了。孩子们从鲜活的生活事实当中，从历史史实当中，打开了思路。他们掌握了一定的思维方式以后，就不是在低层次上思维，而是在很厚实的文化积淀上思维。那么怎样养成习惯呢？规定学生每个月读一本书，同时每周要交一次书摘笔记，书摘笔记的左边是名著的精华，右边是自己的感想。我还要求孩子们买一本非常漂亮的笔记本，我说："不要用练习本，练习本的封面两个星期后就不知道到哪里去了。这本笔记本实际上是你们人生成长的记录，今天看起来没什么，二十年以后你们重新来看的话，我想你们的感触是非常多的。"

　　一个月下来写篇书评或者是读后感，然后花一个星期来讨论那本书。刚开始的时候学生们觉得是一个负担，我义正词严、板着面孔对孩子们说："非写不可！"孩子们还是怕老师的，但是写着写着，读着读着，孩子们就感兴趣了。孩子们上路了。我不能说我们班百分之百的同学都喜欢读书，但是我分明感觉到，一个班起码一半的同学，甚至更多的同学，真的喜欢读书了。每个月到月末的时候，常常有很多孩子来找我，因为我工作忙，事情多，常常忘了推荐书目。我忘了，他们就会找上来问："老师，下个月读什么书？""下个月读什么书"表明他们愿意读书了。刚才介绍的汪晓芳的那篇文章，很显然她是在大量阅读的基础上积淀而成的。尼采的著作我没推荐，她自己读了，且在读的过程当中延伸开来。开始是我推荐，最开始推荐一本，后来推荐两本，再后来推荐三本，到最后我的储备也不够了，我说："你们自己到图书馆去，你们自己选择。"然后用一堂课的时间让大家轮流向全班同学推荐，能不能让更多的人读自己推荐的书，就看他们的本事了。

孩子们在读书的过程当中积累了大量的东西。语文哪儿是教出来的？语文能力是孩子们自己在阅读的过程当中，在思考过程当中，不知不觉慢慢形成的。当然，学生的语文能力也是通过教师的引导才慢慢形成的。

新课程理念认为，在课程的活动过程当中，师生共同创造课程。我推荐李辉的《风雨中的雕像》，讨论时有一个同学站起来说道："作者李辉认为老舍是风雨中的雕像，我以为不然。何为雕像？所谓雕像是屹立不倒的。老舍先生在'文革'期间忍受不了那种非人的折磨，他抛弃了他爱的和爱他的人，自己投水而死，他在风雨中倒下了。"我当然知道这个孩子对那个时代没有深刻的体会，但是我又分明感到，这个孩子在用自己的大脑思考问题。各位老师，我们不就是期望这些吗？我推荐《傅雷家书》，这本书我认为大家都会喜欢的，但是我没有想到，同学们讨论这本书时有人马上提出了质疑："这本《傅雷家书》我读来读去读出了封建家长制的味道。傅雷先生在关爱孩子的名义之下，喋喋不休，唠唠叨叨，没完没了的，按照自己的人生标准，按照自己对生活的理解，来约束他的孩子，这就是典型的封建家长制。我要有这么一个老爸，绝对忍受不了。"他父亲是同济大学教师，从小他跟他父亲就是"好哥俩"。父亲采用完全开放式的教育，他跟父亲就像兄弟一样，在这个过程当中享受着充分的自由。他说："即使傅雷先生讲的句句都是真理，我也不按照他说的那么做，我有我自己的想法，我自己是主体。"

总之，我们的作文教学，在教会孩子思维方式的同时，还要对他们进行文化奠基，对他们的人生进行文化奠基。

就思维与作文的教学方式来讲，我有以下几个基本原则。

第一，在故事中获得感悟。我上思维课，不是上纯粹逻辑的思维课，我不在思维的定义上过多地去追求，而是让孩子们在大量的生活故事当中获得一种感悟。阅读了大量的故事之后，孩子们便对原点思维有了概念。表达不周全没有关系，表达不严谨、不系统没有关系，但是脑海当中要有概念。

第二，在游泳中学会游泳。我们也可以用另外一种方式来表达，那就是在思维中学会思维。在课堂上给孩子们一些题目，其实就是让他们不断地思考，而不是告诉他们第一种方法、第二种方法、第三种方法……没有那么多方法。从大量的故事当中，孩子们掌握了某些概念，获得了一种感悟以后，接下来就是训练了。

第三，在开放中放飞思想。我们的语文课常常是预设的，这是免不了的，须预先设计好一些东西，但是如果完全预设的话，课就是死的，而不是活的。换句话说，我们的语文写作课更应该是开放的，我们不过是给孩子们搭平台，让孩子们充分表现自我。一个题目就是一个平台，让孩子们来表演。也可以把过去孩子的经验告诉现在的孩子。开放的课堂，要注重开发孩子的多样化思维。有一个题目是"生命是什么"，我让全班同学轮流说说自己的认识。在这个开放的环境当中，同学们的思维非常活跃，我介绍其中几个观点："生命像蝴蝶，只有经过了蚕蛹的修炼才可能生出一对美丽的翅膀飞向远方。""生命宛如灿烂的银河，每个个体虽然都有太阳般的光辉，但只有组合成一个集体，才能打破宇宙的黑暗。""生命像一支笔，当它耗尽身上所有的笔墨时，它已经在纸上留下它永恒的回忆。""生命像钻石，经历磨难的考验，便会发出永恒光芒。""生命像一张白纸，可能会染上黑点，但只要在适当的时候添上线条就会成为乐谱。""生命像一座火山，只有积累了充分的能量，才会爆发。"在开放的过程当中，在开放的天地里，孩子们才能够尽情地展现自我。

第四，在民主中均衡发展。我说这句话什么意思呢？我们现在讲教育的民主化，可是大家觉得这好像只是教育局长、校长的责任和义务。其实我想，无论是语文老师，还是其他科目的老师，都会面临课堂民主化的问题。因为任何一个班级，不论这个班级怎么样，总有三五个人喜欢说话，喜欢上课发言。久而久之你就会发现，课堂上就是这几个人发言。换句话说，这几个孩子享受了更多的教育资源，老师和同学们都觉得他们说话很正常。那么，我们能不能打破这个现状，把阳光洒在所有孩子身上，让所有的孩子都有说话的机会呢？我上课是喜欢走动的，走到哪里就叫谁发言，每个人都在思考，都在积极地思考问题，他不知道我什么时候走到他面前去。而且我还喜欢一种方式，即让大家轮着说，每一个同学都说，我让百分之八十的孩子都有机会发言。我的想法就是让大家都说话。

第五，在融会中实现贯通。我们经常讲语文的外延和生活的外延相等，可是我们为什么又绑住自己的手脚呢？我们能不能把自己的视野放宽一点？我在讲多样化思维的时候讲了很多故事，我讲思维的开放性时就举了一个生物学上的例子。美国的一个生物学家进行了一个很有意思的尝试，抓了五只蜜蜂和五只苍蝇，把它们放在一个瓶子里头，口朝上，光从上面照射。一般情况下昆虫是迎着光跑的，所以所有的蜜蜂和苍蝇全跑了。这个科学家再把瓶子侧倒了一下，瓶底朝着光亮的一方，结果他发现了一个有趣的现象，五只苍蝇全飞走了，五只蜜蜂全死了。五只苍蝇往有光的地方飞，撞到了玻璃，出不去，换一个方向，从瓶口就都跑掉了。五只蜜蜂往光线处飞，不怕牺牲，前赴后继，最后全撞死了。假如说昆虫是有思维的，这就说明蜜蜂的思维是不开放的。我还举了苏联红军的一个例子。第二次世界大战快结束的时候，苏联红军兵临柏林城下。带兵的苏军元帅朱可夫不仅仅从攻的角度考虑，还从守的角度考虑，他问旁边的将领："假如你是德国城防司令的话，你会怎么办？"这个将领说："我要是城防司令，我肯定从北面杀出一条血路，把你的攻城部队打得稀里哗啦的。"朱可夫一想，对呀，北面恰好是易守难攻的地方，他马上重新调整部署。战争一打响，德军果然从北面反攻，结果一切都在预料之中，战争很快结束了。朱可夫不是单纯从攻的方面考虑问题，而且还从守的角度考虑，是多样化思维。这是军事方面的例子。也就是说，我们语文教学可以把生活当中方方面面的例子拉过来，放入自己的课堂教学当中，从思维出发，做到融会贯通。

这就是我关于思维与作文教学的一些思考。

上海：中国基础教育的领跑者

回顾改革开放 30 年，上海的基础教育以领跑者的姿态出现在中国基础教育的领域里。

上海的领跑是全方位的领跑：

第一，教育理念的领跑。以学生发展为本，研究性学习，学习型组织，合作学习，体验式学习，教师专业发展，现代学校制度，多元智能……一个个标志性的概念，代表了一个个崭新的教育思想由上海向全国各地传播开来。

第二，课程改革的领跑。先于国家教育部制定了中小学各学科的课程标准，先于各省市全面出版并使用自编教材，国家、地方、学校三级课程结构，基础型课程、拓展型课程、研究型课程全面实施，富有特色的校本课程迅速在全市各中小学全面铺开。

第三，教育技术的领跑。现代信息技术迅速普及到全市各个中小学校，信息技术与课堂教学的整合，数字化校园，数字化教室，数字化实验室，已经在一些学校展开实验，并取得阶段性成果。

第四，教育评价的领跑。高考单独命题领全国各省市之先，初中阶段的达标工程，高中阶段的面向未来的实验性示范性学校评审，以全新的先进的学校评价方式走在全国前列。

第五，教育行政管理的领跑。一府三院（政府教育行政主管部门，教育考试院、教育评估院、教育科学研究院）的模式，给全国输送了新的管理模式。以扩大优质教育资源为指向的集团化办学模式，被全国各地借鉴，先后成立了深圳蛇口育才教育集团、杭州中小学各名校教育集团、广州执信中学教育集团等。

第六，师资队伍建设的领跑。以基地为名号的"双名工程"，教师专业发展学校，研训一体化的培训模式，一方面培养了一大批名校长、名教师，另一方面也成了全国各地效仿学习的榜样。

30 年教育教学改革，上海基础教育在各个方面产生了巨大的影响力，这已经使之毫无争议地成为中国基础教育的领跑者。

领先一步，就是领先一个时代。总结过去，上海何以能成为领跑者？作为领跑者的基本素质是什么？我以为领跑者首先必须是思想者。

第一是开阔的视野，开放的胸怀。改革开放的前沿阵地、海纳百川的海派文化，筑就了上海基础教育国际化视野这个鲜明的特色。

第二是创新的意识。以追求卓越的积极心态，以严谨求实的科学态度，上海基础教育自觉地成为课程改革的先行者。

第三是思想的自觉。上海的教育工作者是理想主义者，具有乌托邦情怀，以他们的教育良知先于他人自觉地反思、自省，既正视现实，又瞻望未来。

华东师大、上海师大、上海教育科学研究院、《上海教育》、《教育参考》是思想的家园，是诞生思想的地方。

总结过去，我们清醒地看到我们的思想轨迹：是从接收、消化并传播西方先进教育思想理念、教育模式、教育经验开始起步的，由初始阶段的"照着说"，逐渐地走向"接着说"，下一步毫无疑义地应该是"自己说"——说自己的话。只有创新才能发展，只有创新才能奠基未来。

而批判是创新的第一步。面对当下纷繁芜杂的教育现实，我们应该有一种批判追问的勇气。

追问理论。西方教育中某些学者的理论，不乏空洞的货色，其理论原创性和现实指导意义正在严重退化。许多学者，苟安于养尊处优的学院空间，脱离中小学一线教学实际，大都缺乏哲学大师的高度。

追问演绎。有一些西方教育学者的理论是科学有益的，但演变过来，将这些理论抽象成一些形而上的空洞口号，甚而将之绝对化，往往把"理论体系"与"现代术语"视为生活本身。这既不合逻辑，且没有张力；既不能改变现实，又无助于学生学习。

追问时尚。当下的教育时尚，有一些是正确的，且符合中国教育的国情；有一些虽然正确，但未必适合中国国情；有一些还只是处于实验阶段，并未取得实质性的成果；有一些连基本的科学性都尚未证实，不适合匆匆忙忙拿来效仿。

追问潮流。所谓潮流真的是世界潮流吗？还是一个国家或几个国家的理论主张、行为实践？教育不应该封闭，不应该排外，但教育同样不是一种时尚，做教育的不能赶时髦，教育改革和发展应该适应本国国情。

追问接轨。许多人都在谈论与国际接轨，追问——有轨可接吗？接谁的轨？接得上吗？欧洲的学校不想与美国的学校接轨，美国的学校也不想与欧洲的学校接轨。现在是学校教育发展模式多样化，教育界的有识之士都在倡导学校要走自主发展的道路。可以且应该向人学习，但不能忘却民族自我。

追问内心。深究我们的灵魂深处，其实有一种自卑感，经济发展水平不高，对自身的教育也缺乏足够的自信。我们有一个现代化的诉求，有一种强烈的赶超愿望，我们希望与世界发达国家的教育接轨，希望尽快赶上世界发达国家，实现教育的现代化。在失去从容的心态下，不能正确认识世界各国教育的真实情况，而是把几个经济发达国家的教育做法看作教育现代化的象征，将之树为追赶的标杆，称作"世界潮流"。

失去判断。在这样的背景之下，基础教育界出现一些莫名其妙的提法，却少有人思考，少有人批评，不少人失去了基本的判断力。仅举一例，2008 年某家媒体刊登文章《"高精尖"学生能否用"模具"批量产出》，这篇谈论如何开发青少年、培养英才少年的文章，纯粹是把人当成物来看待，观点十分错误，居然作为新思想予以介绍。

教育工作者要讲理想，面对浮躁的、急功近利的社会现状，要有从容的心态，要有远大的志向。

教育工作者要讲智慧，它体现为对真理、世态的一种判断力、洞察力、穿透力，它体现为一种融会贯通实现原创的能力。

唯有如此，上海的基础教育才能继续领跑。

回望昨天：我们与名师一起欢乐成长

——在上海市首届名师基地结业典礼上的讲话

各位领导，各位基地主持人，各位导师，各位基地秘书，各位学员：下午好！

感谢大会组织者让我代表基地主持人发言，此时此刻我想所有的主持人都和我有一样的心情——愉悦、轻松，这件事情总算告一段落，总算可以松一口气了。

回想当初宣布我成为名师基地主持人一员的时候，我以如履薄冰的心态承接了这项重任。我深知这是上海市首次以基地形式培养高端教师，我所面对的是上海市层层选拔出来的后备名师，有许多是在上海市甚至在全国小有名气的优秀教师。对他们的培养直接关系到他们今后能否在教师职业精神、教师专业水平、教育思想境界等方面更加迅速地成长，关系到上海市教育教学领军人物的发展，关系到上海市基础教育的未来走向，关系到上海教育能否在中国基础教育现代化进程当中继续保持领先地位。

这样一件历史重任光荣而幸运地落在我的肩上，我深感责任重大。战略定位上我们吸纳上海国际大都市的各种优质教育资源，构建独特的来自草根又不失理论的培训方案体系，定位在高端教师培养，定位在名师培养工程。我们设计了包含气质修养、思想理念、教育研究、教学实践四个方面的培养方案，使经过培训的教师在气质修养上更大气、思想理念上更先进、学术研究上更深刻、教学实践上更有效，成为有品位、有思想、有绩效、有影响的现代名师。在战术实施策略上我们精心策划、精心组织、精雕细刻，既有集体研讨，又有个性化的培养，既有一流专家（如杨福家等）讲座，又有全国名师的点拨，既有沙龙研讨，又有自主研修，既有理论报告，又有课堂实践，既有学术研修，又有社会考察，既有校际交流，又有全国研讨。

我们为学员们展示自己教学才华搭建了各种平台，如区际展示、市级公开课、跨省交流、全国报告等，学员充分展示了他们先进的教学理念，展示了他们精湛的教学技艺，展示了他们卓越的研究能力，展示了他们独特的个性魅力，展示了他们青春的活力，展示了作为上海名师的风采，赢得了上海市乃至全国许多专家、同行的普遍赞誉。

我们共同创造了多种高端教师培养模式："擅学习，精研修，善对话，能示范，德业双强"；"专家引领，实践反思，行为跟进，学习领先，个人努力，同伴互助"；"名师引领，任务驱动，聚焦课堂，提高能力"。我们也生成了许多名师培养经验，如重视团队合作，重视个性发展，立足实践转化，将教学理念转化为教学行为，着重精神驱动，激发学员的内驱力，等等。

我们共同创造了团队研训文化：

不断进取的动力追求——实践反思，再实践再反思

勇于挑战的创新思想——超越自我，超越昨天定论

自由言说的互动交流——自说自话，决不人云亦云

和谐真诚的合作氛围——与人为善，团队情感融洽

回望昨天，我与学员同读书，同学习，同备课，同听课，同研究，同交流，我们一起创造了快乐。这是学习的快乐，这是思想的快乐，这是碰撞的快乐，这是成长的快乐，这是成功的快乐。我们也建立了深厚的情感，不少学员依依不舍，纷纷表示要集体"留级"。

感谢所有基地的学员，由于你们的不懈努力和杰出的成绩，我们这项工作成效显著、意义突出。因为你们，我们拥有昨天的欢乐；因为你们，我们拥有今天的自豪。我执著地相信：因为你们，我们将拥有明天的骄傲！

教育改革的先行者，规范办学的践行者
——2008 年底在建平集团学校干部会议上的讲话

之前，建平有三所学校接受了国家审计。选择这个话题是基于对建平未来发展负责任的态度，但选择这个话题并不意味着非常沉重。

一、昨天的辉煌是今天的起点

在过去的岁月中，应该说，所有在建平工作过的同志，无论是在职的，还是退休的、离休的，像冯恩洪校长，像王永伟书记，都为建平这个品牌，做出了不同寻常的努力。应该说，取得了非常好的成绩，这是有目共睹的。从这个意义上讲，建平中学的教育教学改革，始终走在全国前列。我们的课程改革，毫无疑义地走在前列。我们是以改革促发展：以改革促进学生的发展，以改革促进教师的发展，以改革促进整个学校的发展。建平西校也成为了上海市文明单位，应该说这在历史上也是一种突破。这是了不起的成绩。我想就过去的努力谈四个想法：

第一，出成绩。我们每次召开集团学校的干部会议，都会有一本厚厚的荣誉册，它承载着、记载着我们一年当中获得的各种各样的称号，各种各样的荣誉，各种各样的成绩。我们今年的成绩，也非常显赫。其他学校暂且不说，就以建平中学为例。高考语文、数学、英语总成绩，上海市排名第六。我们不能因为看到了问题而忽略了成绩，也不能因为看到了成绩而忽略了问题。我们看到，学生的各类竞赛成绩同样也是捷报频传。就一个最突出的例子来讲，我们信息奥林匹克竞赛的成绩，今年非常辉煌。我们获得了全国一等奖五个，而且全都获得了一流大学的保送生资格，其中有三个是高二年级；还有不少二等奖、三等奖。这在建平的历史上是没有的。可以说，信息奥林匹克已经成为建平在整个上海市享有很高知名度的品牌学科。这是令人骄傲的。

我们的教师专业发展，也取得了非常显著的成绩。我们的杨振峰同志，获得了全国生物教师大奖赛的第一名，同时还获得了华东地区生物教师大赛的第一名。我们的郑朝晖老师，获得了上海市语文教师大奖赛的第一名，同时还获得了两岸四地同文异教活动第一名。诸如此类的成绩，都是建平中学的老师、干部群策群力、共同努力所获得的。

第二，创品牌。建平中学本校同时被推举为全国精神文明建设先进集体。应该说这样的成绩的确令人瞩目。建平中学已经成为了浦东新区、上海市、全国基础教育的一个品牌学校。只要是建平学校的老师、同学出去，我们的浦东新区乃至上海市的同行，都是刮目相看的。我们建平集团学校的干部、老师，走出上海市，到全国各地，到清华、北大、北师大，到相关地方进行经验演讲，也是令很多人震撼不已的。所以建平中学无形中已经成为一个品牌，是一所知名度很高的学校。《人民日报》两次用整版的篇幅报道建平集团学校。《人民教育》以创刊以来最长的篇幅，长达四万字的篇幅，报道建平中学的教育教学改革。《文汇报》今年连续七天报道建平中学的课程改革，每一天都是半个版面的篇幅。这在上海市，在全国的同行面前，引起了较大的反响。《中国青年报》用一个整版的篇幅报道建平中学的课程改革。这一切的一切，都说明建平中学已经成为浦东、成为上海市、成为全国基础教育的一个知名度很高的品牌学校。

第三，留口碑。我们的改革，不是天花乱坠，而是脚踏实地。以学生发展为本的课程改革，是真正造福于我们的浦东人民，造福于上海的百姓的。所以浦东的老百姓们和关心教育的同行们，都在谈论建平的方方面面。建平留下了很好的口碑。从这个意义上讲，就初中来说，选来选去，不是选建平实验，就是选建平西校，再就是选建平世纪。建平高中，同样也是大家非常热衷报考的一所学校。我们向社会交出了一份满意的答卷。

第四，育文化。这些年的教育改革，我们以一流的业绩，培育了很好的学生，更重要的是培育了我们建平的文化。那种海纳百川、追求卓越的文化，在建平已经形成了。你看我们建平的干部换了多少茬，换了多少个，但是因为有了建平这样的文化，不论换了多少干部，建平的旗帜，始终在浦东的大地上飘扬。这就是令我们自豪的地方。抽调我们的干部，是说明我们的干部有思想，有能力，有水平。我们也看到，我们的青年同志也一茬一茬地走向前台来，为我们建平的发展做出卓越的努力。这就是文化的力量。

二、干部是改革的中流砥柱

建平集团取得了一连串的辉煌的业绩，靠的是谁呢？靠的是所有在职的干部，以及曾经为建平的发展做出卓越贡献的干部。正是因为有了这些干部的努力和辛勤的劳动，才有了我们今天这样辉煌的成绩。

所谓干部就是领袖。是领袖，就要有领袖气质。我想，领袖气质起码有三个意义：

第一个意义就是出思想。合格加特长，规范加选择，这在中国基础教育中留下了很深的影响，今天仍然发挥着积极的作用。建平中学提出了领袖气质的培养目标。刚提出来的时候，还引起了一些争议。但今天，这一两年来，比如说上海中学，也步我们之后，提出了类似的目标。南京师大附中，也提出了跟我们相类似的目标。冯恩洪校长以前曾经讲过一句话："领先一步就是领先一个时代。"我们在核心发展力的价值取向方面，在德育方面，在教学方面，在课程改革方面，都留下了一串串闪光的思想。

第二个意义就是做奉献。建平集团实现了超常规的发展，也承担了其他学校所没有承担的责任。我们旗下的学生人数之多，是罕见的。我们教师所创造的业绩、学生的成绩，是其他学校少有的。做到超常规的教育，是因为有超常规的付出。而付出最多的是谁呢？是干部。干部承担了太多的责任和压力，承担了太多的工作和事务。扪心自问，我们有多少双休日是完完整整地留给家人的？从这个意义上讲，我们做出了很大的牺牲。没有牺牲精神，是做不好干部的。

第三个意义就是担责任。校长是第一责任人。什么是改革？什么叫创新？改革从某种意义上讲就是打破规范。如果你不打破规范，你不突破定律的话，你改什么革？创新的第一步就是对当下的一些做法进行否定。没有否定就没有创新。当然，在改革创新的过程中，也会产生一些负面的东西，比如在教育教学方面，在用人方面，在收费问题上等。以收费为例，出发点当然是开源节流，减轻政府负担，为老师提供更好的生活和教学条件，为学生创造更好的学习条件，如此而已。在教师的福利待遇等方面，我们都有些突破。有些学校的老师没有看到建平集团学校老师的付出，只看到了收入。我们先是从过去的封闭的模式，变为开放的模式，发展到今天，很显然，我们需要规范严谨的模式。这是一种螺旋式的上升。

三、审时度势，规范办学

集团三所学校在接受国家审计署驻上海特派办事处的审计时，我们所有的领导，相关部门的同志，全力配合，要什么给什么，没有任何隐瞒，没有任何遮遮掩掩，赢得了审计署同志的充分认可。他们对我们的收费，从某种意义上，也给予了很大的理解。最后的审计结论，有一条是令人欣喜的：我们没有一个干部，犯有相关的经济错误。换句话说，我们没有把这个钱往自己口袋里放。建平的文化，对我们的干部，是很好的约束。我们三所学校，或多或少，都被查出了一些问题。近来我们不断接受来自方方面面的检查、审计，包括群众的监督、举报，等等。这样的工作对我们，从根源上来讲，是好事，能促使我们对当下的行为，认认真真地反思一下哪些做得不对，哪些需要改进。我们虚心接受上级部门、群众的检查和监督。当下对我们来说是非常时期，今天的中国和昨天不一样了。规范的要求不仅仅针对建平，不仅仅针对中小学校，而是针对整个国家。在这样一个大背景下，无论是对于上海，还是对于全国其他地方，路非常清楚，那便是走向规范。有句古话讲得好，"识时务者为俊杰"，审时度势是我们干部一个最基本的素质，认清当下的形势走向、形势要求，做到与时俱进。因此，我们建平人不仅应该，而且必须成为规范办学的践行者。

原因何在？我想第一位的是国家意识。首先，规范是国家意志的体现。南京的一个房管局局长被撤职了，一些单位组织到国外考察被曝光了，诸如此类，正说明了国家走向规范这个大背景的要求。这是我们必须认清的非常重要的形势背景。而从国家的角度考虑，只有规范，才能保证公平；只有规范，才能保证效能。我们这个民族也好，我们这个国家也好，很多地方是不规范的，最终结果是导致行政成本大幅度上升，损害的是老百姓的利益。所以从这个意义上讲，公共成本的提升，是我们不愿意看到的。第二是法制意识。办学校必须依法办学。第三是文明意识。我们必须有这样的意识和情怀，要勇于担当。

我们生活在这样的时代，是一个转型时期，有两种话语系统：一种叫理想话语系统，或者叫文件话语系统，是非常理想、规范的官方语言系统；一种是现实话语系统。我们处在这样一个两种话语系统并存的现实中，注定了要有人做出牺牲。这是毫无疑问的。所有有良知的，对工作负责的人，一般来讲，都会采取一种措施，就是在两套话语系统之间，找到一个平衡点。建平也不例外。即使是这样，我们还是会有问题。两套话语系统中，要寻求一种平衡，实际上是很难的，客观上也是达不到的。因此，触犯一定的规章，就成了一种必然。所以，如果建平集团学校需要有人为此负责的话，毫无疑问，应该是我。因为我是建平中学的校长兼书记。但是今后的建平，必须规范办学。为了明天的规范办学，如果需要问责，以儆效尤的话，请从我开始，请到我结束。我一人担当足矣。应该保护更多的干部去做好明天的工作。这是作为一名共产党员的我应该承担的责任，也是被人称为书生校长的我应有的情怀。

为了明天的规范办学，需要我们干部做出更多的努力，需要我们干部有更大的牺牲，需要各位率先垂范。

我们建平的教师培训

——在建平教师培训会议上的讲话（提纲）

一、我们为什么要培训

第一，哲学意义。

学习化生存——你别无选择。

要将学习上升到人之为人的哲学高度，视"学习化生存"为一个最基本的生存常态，实现"学习终身化"、"社会化学习"、"工作学习化"、"生活学习化"。人类是一种天生需要学习的动物。

第二，人格意义。

曾经有人问弗洛伊德以前维也纳街头到处可见的擦鞋童后来都做什么去了。那些鞋童精明世故，能言善道，因而颇得顾客欢心。弗洛伊德思考了片刻，回答道："他们后来都变成补鞋匠了。"

美国心理学家艾尔金德非常赞赏弗洛伊德的回答，并对此阐释说："从某方面来说，这些鞋童定型得太早，以至于不能有进一步的发展。他们的人格特质过早被定型，几乎没有给未来人格的发展预留任何的空间。"

因此，教师需要不断地学习，而不能止步于眼前，满足于现状，特别是人格方面，更是需要用一生的努力去提升。

第三，课程意义。

同步化发展——与课改同步，与团队同步。

教师是播火者，不仅要点燃学生的生命之火，也要点燃自己的生命之火。教师要有不断否定自己过去经验的冲动。人应当从态度上"拒绝平庸"，为自己的发展设计好蓝图。仅仅把工作作为谋生手段，境界比较低。

一个教师一辈子只靠一种教学方法"包打天下"，是行不通的。

学校也应该扩大教师的教育视野与理论胸怀，促进其反思自己。教师的知识结构应该由原来的一桶水变为长流水——鲜活的水、适应学生发展的与时俱进的甘甜的水。学校不仅要提研究性学习，而且要提研究性工作。研究性工作是形成教学艺术的关键。要想掌握教学艺术，需要形成教学智慧，让教学充满活力，让教学更加精彩。

第四，文化意义。

价值化追求——形式上做事，实质上奠基（文化奠基）。"新文化运动"的宗旨就是我们的价值取向：开放民主，和谐进取，一切以人为本。

目前，我国的课堂教学价值取向以人的发展为核心，同时多元价值取向并存。如果加以梳理概括，起码有以下五种价值取向：强调掌握基础知识的价值取向，强调基础技能训练的价值取向，强调获取生活经验的价值取向，强调创造性思考能力培养的价值取向，以及强调情感陶冶的价值取向。正是课程目标价值取向的多元性，促成了目前教学活动的丰富性。要真正做到从知识论向发展论转化，需要有一个艰苦的过程。

二、我们进行怎样的培训

性质：工作培训。

目的：解决新学期课程改革实际工作中的实际问题。

模块化课程——优化扩大，新高一，新高二；其他学科：竞赛、文综。

特别是导师制，高一就要实行。人师身教胜于言教。人师以德为先，德为人师之本。正如王力先生一贯倡导的那样，教师要把教会学生"做人"放在首位，正人先正己，要为人师表。人师要立己立人并举。"己欲立而立人，己欲达而达人"，是在倡导成人之美的美德。人师应该具有战略眼光和广阔胸怀，高度重视学科梯队建设，带动周围同志形成合力，共同提高。经师、名师、人师三者之间是有机统一的关系，也就是说这三个方面应该相辅相成地体现在一个具体的教师身上：经师体现其内在学识，名师体现其外在效应，人师则是经师、名师的根基。我们把经师、名师、人师比喻成一条船，经师是船载的货物，名师是船的造型，人师是船的本体。没有货物或货物不满，是无效的或不圆满的运输；船的造型如果不是合理的流线体，运输则必定是大消耗的和低效率的；而如果没有船只或中途船只损坏，那就根本不能运输或者运输半途而废。

由于漪老师引发的社会学的想象力

——在于漪教育思想研讨会上的讲话（提纲）

吉登斯曾以咖啡为例解释米尔斯的"社会学的想象力"：咖啡是一种对大脑有刺激作用的饮品，但它不只是一种提神的东西；人们喝一杯咖啡，事情却不是"喝"这个行为这么简单，而是身不由己地卷入到了某种关系之中，包括数千里外的人持续不断地种植、运作和交易。

在一次于漪教育思想研讨会上，很多与会者都有相同的感受，都受到了一种感动，都有所收获。这是什么原因？与开会的时间没有关系，会议原本定在 27 日召开，后改在 31 日召开。我想不论是 27 日开，还是 31 日开，都会成功。与出席的人其实也没有太大关系，任何一个人不来参会，不会影响会议的效果，只有一个人不来不行，那就是于漪老师。为什么每一次有关于漪老师的会议总是很成功，总是受到感动？这值得深思。

于老师现在在忙什么？

师德教育，语文课改，名师培养，两纲教育。

她不忙行吗？

显然是不行的，她在这些方面的工作都是不可替代的。她所做的都是掌握方向、一锤定音的工作。

为什么是她而不是别人？她没有任何官职，没有教授职衔，80 岁的老人，身体还一直不好。

她已经成了一个可信度极高的品牌了。

原因何在？

因为于漪老师创新但从不偏激，公允但从不守旧，切合实际，适度超前。

谁使于老师成为名师？什么使于老师成为永远的名师？

这首先得益于她的自主建构。

写一篇文章很容易，发表一篇文章也不难，难的是人近 80 岁仍然能够不停地写作，出版众多的著作。同理，上一堂好课也不难，难的是一直不断地上好课。

为什么不少老师成名很早却流星般陨落？

事业需要教师持续不断地发展。

于漪老师的第一推动力是什么？谁给她不断加油？

社会，自我，学校，学生，老师。

于漪老师是培训出来的吗？

现代校长、教师不是培训出来的，但是现代校长、教师需要培训；

现代校长、教师需要优质适合的培训，但是不需要过度过滥的培训。

现代校长、教师的成长和成熟需要外部条件的创设，更需要内在的自主建构。

因此，每个人应该反思自己的教学，自己的思想理念。

一流的教师是学校的灵魂，而一流的校长则是灵魂的核心。

每个教师应该有心，每个校长应该有为。

让孩子学会做人

——建平中学开学典礼上的讲话

牛津人坚信，牛津最杰出的人才就是英国最杰出的人才，英国最杰出的人才就是人类最杰出的人才。

我也坚信，建平最杰出的学生就是上海最杰出的学生，上海最杰出的学生就是中国最杰出的学生。

建平最杰出的学生应该是善良的人、健康的人、聪明的人。

一、让孩子学会做一个善良的人

某学期期末结业典礼，我们搞了一个"感动建平"的颁奖仪式，《文汇报》记者苏军的报道却是从"清洁工走上领奖台"切入的。这告诉我们，要教育孩子学会尊重身边的每一个人。尊重别人才能得到别人的尊重。尊重使人宽厚，基石宽厚方能负重，人心宽厚方可立业。

我知道，家长们为孩子们做了许多的事情，可是孩子们为家长们做了什么没有？百善孝为先。一羽毛球馆里，一对夫妻与两个儿子打羽毛球，爸爸与小儿子比赛，妈妈与大儿子练球，妈妈不断地夸奖自己的儿子。大儿子一看就知道是智障儿童，他打的每一个球几乎都是不规范的，但却赢得了妈妈的次次赞美。妈妈一边肯定，一边认真地教他发球，教他扣杀。后来小儿子与妈妈打了两下，却不断地责备妈妈不会打球："逢单要换边，你怎么又忘了，你会不会打球?"妈妈连连说："我又忘了，对不起，我又忘了……"妈妈对儿子如此宽容、如此慈爱，儿子对母亲却如此不耐烦。

孝道教人善良，心存孝道的人，才会有善的根苗，才可能开出善花，结出善果。

二、让孩子学会做一个健康的人

一项全国学生体质健康监测结果显示：我国部分中小学生爆发力、力量、耐力素质及肺活量等指标持续下降，超重与肥胖学生的比例增加，学生视力不良检出率继续上升，在城市中学生中，戴眼镜的常常占了一半还多。

那应该督促孩子们怎么做呢？

每天锻炼一小时——运动就是生命；每天多睡一小时——休息保证体力；每天吃好营养午餐——营养促进健康。

三、让孩子学会做一个聪明的人

聪明的人应该拥有自信。有些学生的成绩不尽如人意，要告诫他们不要给自己贴上消极的"标签"，如笨、无能、丑，不要将自己的不足与他人的优势、优点、强项比较。18世纪初，在俄国的乡间，有一个很"笨"的孩子。他看见数学老师在举例做四则运算题时最后的结果是0，便以为所有四则运算题的结果都是0，所以后来他一遇到四则运算题便毫不考虑地在后面添个0。老师对这个孩子除了摇头和叹息之外，毫无办法。这个"笨"孩子就是后来写出了《叶甫盖尼·奥涅金》《上尉的女儿》等世界名著的俄国诗人普希金。

要让孩子们记住，自己是独特的，并欣赏这种独特之处，同时也要给他人应有的尊严。

聪明的人都拥有良好的习惯，读书的习惯、反思的习惯、按时完成作业的习惯、今日事今日毕的习惯。一个良好的习惯让孩子终身受益。

读懂大学

——在 2009 届高三毕业典礼上的讲话

2006 年 8 月你们走进建平，3 年时间，你们即将毕业，三年的建平生活一定给你们带来了许多收获，许多感慨。

从开学军训，到第一个国庆通宵晚会；从第一次班会，到南京综合性社会实践考察活动；从第一次社区活动，到学农劳动；从第一次期中考试，到高三的最后一次模拟考试；从近郊的第一次远足，到美国之行、德国之行、澳洲之行。

每一段经历，都有老师陪伴，都有同学同行；每一段经历，你们都有许多感受，都有许多体验。

我相信三年建平生活是你们人生成长的一个重要基石，一个里程碑式的标志。

高三的你们即将参加高考，接受祖国的挑选，即将走入人生的一个新的驿站，大学是你们人生成长的又一个重要基石，又一个里程碑式的标志。

作为中学校长，我建议你们在高考之后做点什么。在你们之前，有人高考之后去旅游，去探亲，去访友；有人高考之后第二天去医院当义工；有人高考之后去读书，读一些早就想读但没有时间读的好书；有人高考之后走进工厂、走进机关、走进公司，去感知新的生活……这些都是不错的选择，尤其是到医院当义工，更是体现了建平人博爱的情怀。需要郑重提醒的是：在这些选择之中，请你们增加一项重要的内容——阅读大学，了解大学，了解自我，寻找人生的理想之梦。

什么是大学，什么是大学的核心精神？

大学是人类进行伟大探险的先锋，是人类赖以支撑的理想和精神价值的守护者。

我们上大学是为什么，干什么？

我们到大学求学、求知。中学与大学的求知有什么不同？英国教育家怀特海说："在中学阶段，学生伏案学习；在大学里，他应该站起来，四面瞭望。"

这需要有一个开放的心态，与大师进行最热烈的讨论，与同学进行最富成果的交流。大学的一个基本风貌是，对知识和真理不懈追求，以国际性面对世界，以开放性面对文化。

除了求学、求知，还要求什么？还要求异、求新。要富有批判精神，对真理要勇敢探索，科学无禁区。雅斯贝尔斯说："没有任何人是不会犯错误的权威，不论面对着何等伟人，独立和自由仍然是真理。"

就连著名科学家也曾做过错误的论断、错误的预言：现代原子科学的奠基人卢瑟福说人类永远也做不到利用原子中的能量，而结果是人类用上了原子能；爱因斯坦说量子力学是没有理论根据的，而事实上海德堡早已经找到了这种理论；爱迪生说交流电是没有前途的，而结果是交流电被广泛推广应用。

大学里很重要的精神是开放自由的精神、探索进取的精神。20 世纪初，哲学家威廉·詹姆斯说："真正的哈佛乃是一个无形的、内在的、精神的哈佛，这就是自由的思想与思想的创造。"

通过求知、求学、求异、求新造就自我，树立科学的态度，成为一代新人。

什么是大学的灵魂？

有人说牛津大学的特质是理想主义，博大，宽容，同情失败者。其实这不只是牛津，更是所有一流大学所应该具有的特质，这是一种人文情怀，是一种高尚的文化素养。

为什么读大学？就是要把自己变成一个完整的人，既有科学的态度，更有人文的情怀。想进清华、北大、复旦、交大，这是你们高中时期的目标，而进了大学以后，你们的目标就应该是把自己变成一个完整的人、能独立思考的人、有宽容之心的人、有文化素养的人，这才是一个真正站立的人，这才是我们读大学的真正目的。

据说在清华有个"10名原则"：一个班大概有30个人，往往是第10名左右的同学发展得最好，因为他把很多时间花在了完善自我人格、提升各种能力上。所以，希望你们一定要先学会做人。做人不仅仅要做一个好人，还要做一个有骨气、有志向的中国人。北大的马寅初校长说："所谓北大主义者，即牺牲主义也。服务于国家社会，不顾一己之私利，勇敢直前，以达其至高之鹄的。"祖国永远会选择那些选择了祖国的人。

龙应台谈到"什么是文化"时说："文化其实体现在一个人如何对待他人、对待自己、对待自己所处的自然环境。在一个文化厚实深沉的社会里，人懂得尊重自己——他不苟且，因为不苟且所以有品位；人懂得尊重别人——他不霸道，因为不霸道所以有道德；人懂得尊重自然——他不掠夺，因为不掠夺所以有永续的智能。品位、道德、智能，是文化积累的总和。"

我始终坚信：从建平中学走出去的建平人，一定是具有很高素质的文化人。

你们即将走上考场，以平和、积极的心态去面对高考，你们一定能正常发挥，一定能如愿以偿。

你们即将离开建平，无论你走到哪里，我们建平的老师们都在关心着你们，为你们的每一个成绩而高兴，为你们的每一次进步而自豪。

你们即将进入大学，我用北大学生会办公室大门墙上写的三句话"从无字句处读书，与有肝胆人共事，向潜在目标挺进"作为勉励。

最后，我表达一个心愿：希望你们常回来看看，看看你们渐变渐老的任课老师，看看你们朝气蓬勃的学弟学妹们，看看建平的旧貌，看看建平的新颜。

后　记

亚里士多德说:"人的发展最重要的一点是发出声音,不管什么途径,都得有一些可操作的安排,用各种方式让公民能够发言。"

哈佛大学教授桑德尔说:"实现最高人性的生活,需要我们发出声音。"

我是一个职业教师,上课是一个职业教师的天职。三十岁之前只给学生上课,基本上是给高中生上课;三十岁之后我主要是给学生上课,但也给教师上课;五十岁之后我不再给中学生上课,主要是给教师上课,给校长上课,偶尔也给大学的研究生上课。在农村中学、乡村小学给老师们讲过课,在北京大学、复旦大学、上海交通大学、浙江大学、中山大学、华东师大、北京师大、南京师大、西南大学、上海师大等国内高校讲过课,在美国哈佛大学、英国伊顿公学发表过演讲,在中央党校、浦东干部学院、国家教育行政学院、教育部中学校长培训中心给校长们、教育局长们作过报告。

我上课、作报告、演讲的话语方式总体说来就是一个特征:直言不讳。我不善于掩饰自己的观点,我不善于绕来绕去说话,我觉得那样讲话很累,不如直来直去来得痛快。这样一种话语方式的好处是直截了当,痛快淋漓;坏处是一不小心会得罪别人,给自己带来许多不必要的负面影响。我知道自己的毛病,但始终改变不了,我甚至悲观地认为,这一辈子可能都无法改变。好在也有不少听众喜欢我这种方式,权且以一位名叫海健老师的博文《印象程红兵》为据。

三个小时的报告下来,我们分明感受不到他身上的官场气息。他分明有一颗执著而简单的心!我们面前的他,更像一个学者、教师,而不是高高在上的博士、院长。我能想象得到，有一天，他不是校长、院长了，依然被人尊重，依然可以与知识、与快乐相伴。我们羡慕那些被程红兵老师亲自听课并指点的老师。"即使被批一顿，那也是一种荣幸啊！"我身边的一位同事如是感叹。听听程红兵对课堂的评价吧！他惊叹于一位乡村数学教师的分层次板演教学法，他毫不留情地指出一位幼儿园老师对孩子天性的压制，他说："一个没有任何问题的课堂恰恰就是最大的问题。"……我们也曾无数次地评课或者被评，凡是一个真正用心的老师会明白，真正的收获就在于大家的知无不言、言无不尽。一味的赞歌是无益的，诚恳的一针见血的批评方是一个老师获得前进力量的动力。我喜欢这样的领导，"不虚美，不隐恶"，真诚公正而坦荡。

网络上有海量的信息，赞同我的有很多，当然，反对我的也是有的。看到赞同的，我当然开心；看到反对的，也会有些许的不舒服。但这一切很快就会过去，有人邀请我讲课，只要时间允许，我仍然愉快地答应，讲话的方式依然如故，不会有多大的变化。我凭自己的良知说话，我凭自己对校长、教师、学生的友善说话，我凭自己对教育事业的真诚说话。

曾经读到一则故事。冯玉祥请梁启超到河南开封给西北军将士演讲。演讲前梁启超不幸染病，冯将军劝他等身体好了改日再讲，而梁启超说："这是我难得向军人学习的机会。战士死于战场，学者死于讲座。此时不讲，更待何时！"多么豪迈的语言，一个学者也会有英雄的气概！由此我得出一个结论，英雄不仅仅出在战争年代，英雄不仅是持枪的战士，和平时代也会有英雄，那些在各自的岗位上不懈努力、卓有成效的人，都堪称英雄。这成了鼓励我不断说话的重要理由，于是我也毫无意外地患上咽喉炎的毛病，这几乎成了我一生无法根治的毛病，不是因为烟酒，我是一贯不抽烟不喝酒的，完全是因为讲课，教师的天职就是说话。我的每一次演讲都毫无例外地是充满激情的，所以每一次演讲之后，我都好像要虚脱一样，一句话都不想说。

但是我仍然觉得痛快、过瘾。这就是一个职业教师的职业习惯。是为后记。

程红兵

2013 年 1 月 1 日

图书在版编目（CIP）数据

做一个自由的教师/程红兵著. —上海：华东师范大学
出版社，2013.6
ISBN 978 - 7 - 5675 - 0841 - 5

Ⅰ.①做... Ⅱ.①程... Ⅲ.①教育—演讲—中国—文集
Ⅳ.①G52 - 53

中国版本图书馆 CIP 数据核字（2013）第 127965 号

大夏书系·程红兵文丛

做一个自由的教师

著　　者	程红兵
策划编辑	李永梅
审读编辑	杨　坤
封面设计	奇文云海·设计顾问
责任印制	殷艳红

出版发行	华东师范大学出版社
社　　址	上海市中山北路 3663 号　邮编 200062
网　　址	www. ecnupress. com. cn
电　　话	021 - 60821666　行政传真　021 - 62572105
客服电话	021 - 62865537
邮购电话	021 - 62869887　　地址　上海市中山北路 3663 号华东师范大学校内先锋路口
网　　店	http://hdsdcbs. tmall. com/

印 刷 者	北京东君印刷有限公司
开　　本	700×1000　16 开
插　　页	1
印　　张	14.5
字　　数	210 千字
版　　次	2013 年 10 月第一版
印　　次	2019 年 11 月第四次
印　　数	12 101～14 100
书　　号	ISBN 978 - 7 - 5675 - 0841 - 5/G·6580
定　　价	35.00 元

出 版 人	朱杰人

（如发现本版图书有印订质量问题，请寄回本社市场部调换或电话 021 - 62865537 联系）